清华大学档案馆丛书

清华大学碑碣匾额拓片集

主编 顾良飞 孙宇华

清华大学出版社
北 京

内容简介

在清华大学百年校庆前，清华大学档案馆完成了清华校园内200余件碑碣匾额的拓制工作，全部拓片已作为专项档案存档。本书为清华大学档案馆馆藏拓片的选编，内容包括校门和楼堂馆所、纪念亭和纪念碑、纪念像、校友捐赠纪念物、纪念石刻等体现一定特征和代表性的部分拓片，每件拓片均配附了实景照片，并对景物实体的建造时间、地点、来源等加注了简要文字说明。

本书为关于清华校园拓片文化的专题资料，对于清华师生、校友及关心清华发展的广大读者了解清华园碑碣匾额的历史、人文价值和艺术价值，感悟清华历史、传承清华文化、弘扬清华精神具有一定的参考价值。

图书在版编目（CIP）数据

清华大学碑碣匾额拓片集/顾良飞，孙宇华主编. —北京：清华大学出版社，2011.9
（清华大学档案馆丛书）
ISBN 978-7-302-25975-6

Ⅰ.①清… Ⅱ.①顾… ②孙… Ⅲ.①碑刻—清华大学—图集 ②牌匾-清华大学-图集
③拓片-清华大学-图集 Ⅳ.①K877.422

中国版本图书馆CIP数据核字（2011）第124509号

责任编辑：刘美玉
责任校对：王凤芝
责任印制：杨　艳

出版发行：清华大学出版社　　**地　址**：北京清华大学学研大厦A座
http://www.tup.com.cn　　**邮　编**：100084
社 总 机：010-62770175　　**邮　购**：010-62786544
投稿与读者服务：010-62776969，c-service@tup.tsinghua.edu.cn
质 量 反 馈：010-62772015，zhiliang@tup.tsinghua.edu.cn

印 装 者：北京天成印务有限责任公司
经　销：全国新华书店
开　本：250×250　**印　张**：11.5
版　次：2011年9月第1版　**印　次**：2011年9月第1次印刷
印　数：1～2000
定　价：85.00元

产品编号：041546-01

前　言

拓片是我国一项传统手工摹印技术的产物。在近代影像技术出现之前的漫长岁月中，制作拓片是保留器物形制信息的重要方式。在有效保护和收藏的条件下，拓片具有比器物实体更长久的生命周期。拓片不仅有文史研究价值，还有很高的艺术欣赏价值，是一种富含历史文化积淀的载体。

清华大学校园内有不同历史时期的各类碑碣匾额200余件，生动地见证了校园变迁和学校发展，具有丰富的历史和文化内涵。在清华大学百年校庆组委会的支持下，档案馆组织了校园内碑碣匾额的拓制工作，全部拓片作为专项档案存档。同时，档案馆将拓片制作过程中发现的破损及存疑等问题报告学校，均得到及时处理，使拓制工作同时起到了文物普查和抢救的作用。这是清华大学有史以来的一项全新工作，也是拓展档案收藏范围的新尝试。在拓片制作基础上，通过编辑整理和考证，深入发掘清华园碑碣匾额的人文价值和艺术价值，对于今后学校工作查考、历史研究，以及传播清华文化、弘扬清华精神都有非常重要的参考价值。

本书为清华大学档案馆馆藏拓片的选编，遴选依据为拓文内容及实物品相，而非建筑和景物的规模及造价，亦非建造者、捐赠者等相关人物的历史或学术地位。即力图体现一定的特征和代表性而非系统与全面，限选手书字体而非电脑字库体拓文。经考证，仍有部分拓文不能确定题写者，故除个别著名历史文化人物外，只列拓文中署名的书写者。本书中每件拓片图均配附实景照片，使传统与现代影像技术相结合，达到信息互补，有助于读者留下完整、直观的形象记忆。同时，图片配有景物实体的建造时间、地点、来源及相关内容等简要文字说明，使本书成为关于校园拓片文化的专题资料。本书对于清华校园风物而言，可谓百年一瞥，世纪留痕。

谨以此书向学校百年华诞献礼。

编者
2011年3月

目录

第一部分 校门和楼堂馆所

第二部分　纪念亭和纪念碑、纪念像

第三部分　校友纪念物

第四部分　纪念石刻

清华大学碑碣匾额拓片集

【第一部分】校门和楼堂馆所

（460cm × 140 cm）

一 西校门

西校门建于一九三三年。一九五〇年六月，毛泽东主席应张奚若教授转呈的清华师生员工的请求，为清华大学题写校徽，共题写六条『清华大学』。西校门上的校名是当年根据毛主席手书集字制作而成。

（700cm×110cm）

一 东南校门

东南校门（现清华大学主校门）建于二〇〇〇年，门前卧碑『清华大学』校名选自毛泽东主席手书、二十世纪五十年代清华校徽字体。

（287cm × 52cm）

三 二校门

二校门始建于一九〇九年，原为学校校门。一九三三年新建西校门后，老校门被称为二校门。二校门横额『清华园』为清政府外务部会办大臣、大学士、军机大臣那桐所书，题于一九一一年（宣统三年，农历辛亥年）。二校门曾在『文革』中被毁，一九九一年四月由校友集资在原址重建。

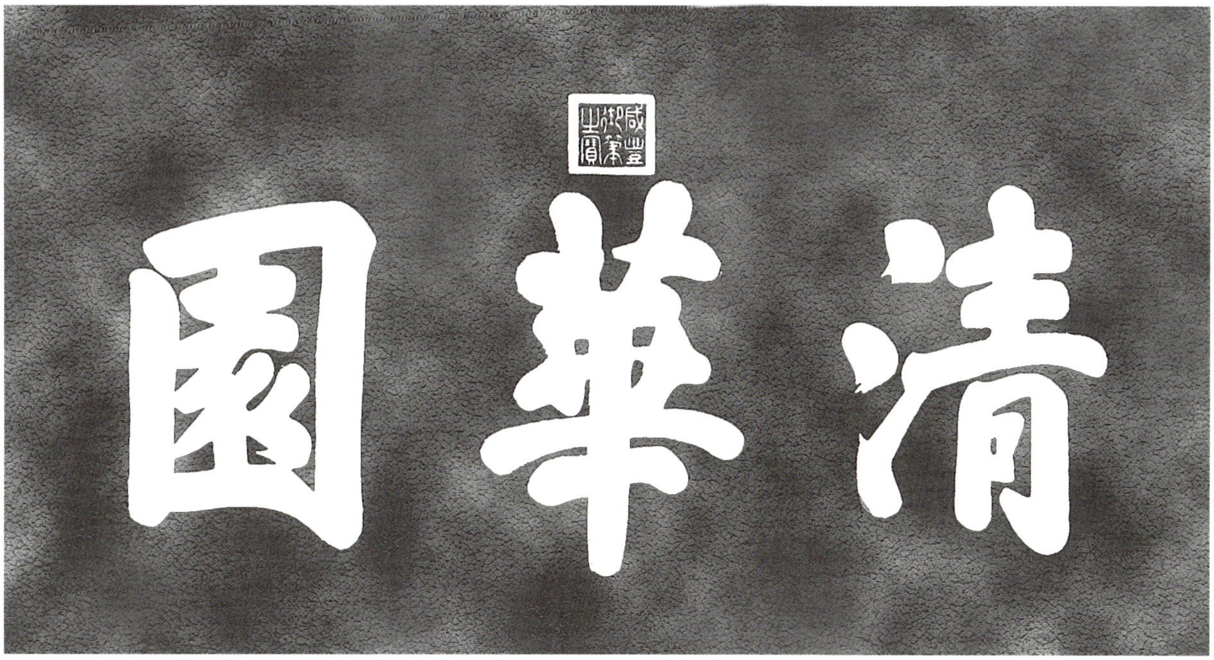

（180cm × 82cm）

四 工字厅

工字厅原名工字殿，因其结构为前后两排大殿以中间短廊相连，恰似『工』字而得名。现工字厅指以工字殿为主体的古建筑庭院，始建于清康熙四十六年（一七〇七年），建筑面积两千六百三十八平方米。工字厅正门木匾『清华园』为清代咸丰皇帝手书。咸丰二年（一八五二年）皇帝御书『清华园』赐予皇五弟奕誴，奕誴承袭的熙春园东部因此易名清华园。一九七八年木匾经修缮恢复原状。

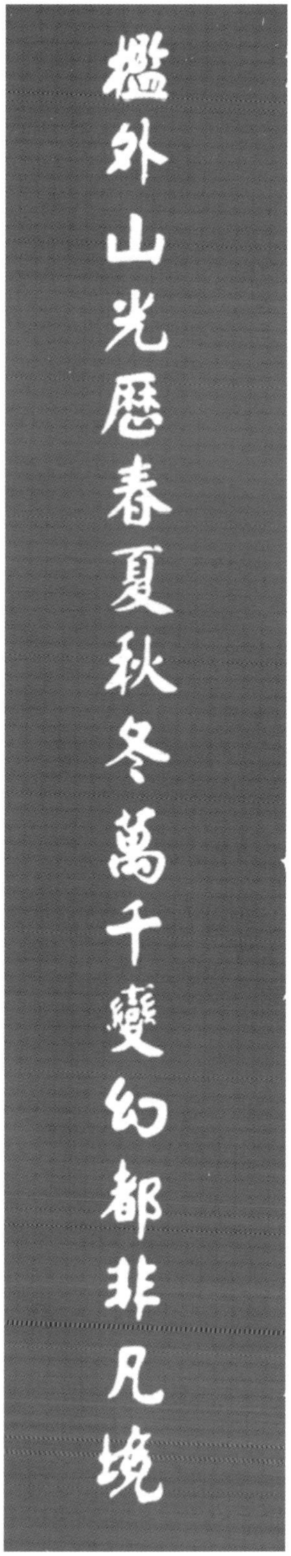

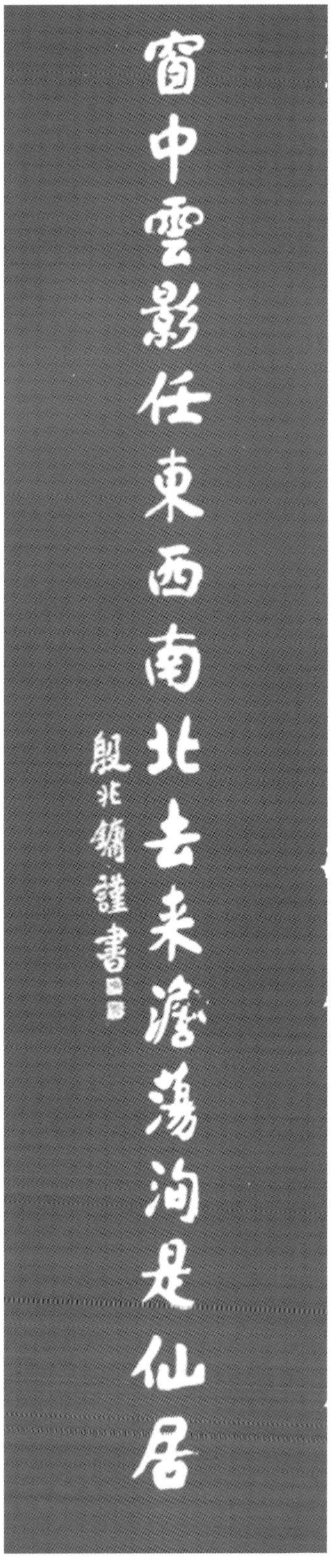

（35cm×285cm）

（180cm×50cm）

四 工字厅

殷兆镛，清道光二十年进士，咸丰、同治、光绪三朝礼部侍郎，于咸丰五年（一八五五年）奉皇帝之命，为工字殿后厦廊柱题写楹联：

槛外山光历春夏秋冬万千变幻都非凡境

窗中云影任东西南北去来澹荡洵是仙居

殷兆镛谨书

楹联原作者是吴江震泽的沈广文（沈广斌）。正额『水木清华』书写者不详，语出东晋文学家谢混诗：惠风荡繁囿，白云屯曾阿，景昃鸣禽集，水木湛清华。

一九七八年学校根据老照片重制楹联及『水木清华』匾。

（210cm × 80cm）

四 工字厅

一九五三年学校采用毛泽东主席手迹『为人民服务』制匾，悬挂于工字殿正门。

（160cm × 70cm）

五 古月堂

古月堂约建于一七六九年，是位于清华大学工字厅西侧的古建筑独院，占地八百三十一平方米。正房门悬挂『古月堂』木匾，后遗失，现匾为一九七八年仿制。

（489cm×62cm）

六 清华学堂

清华学堂旧称一院大楼，西部建于一九〇九—一九一一年，原为游美肄业馆馆舍之一，东部建于一九一六—一九一八年。总建筑面积四千六百五十平方米。一九一一年四月九日（宣统三年三月十一日），宣统帝批准游美肄业馆改名清华学堂，由晚清重臣那桐题写的横额『清华学堂』镌刻于二层嵌入式阳台白色大理石廊沿上。

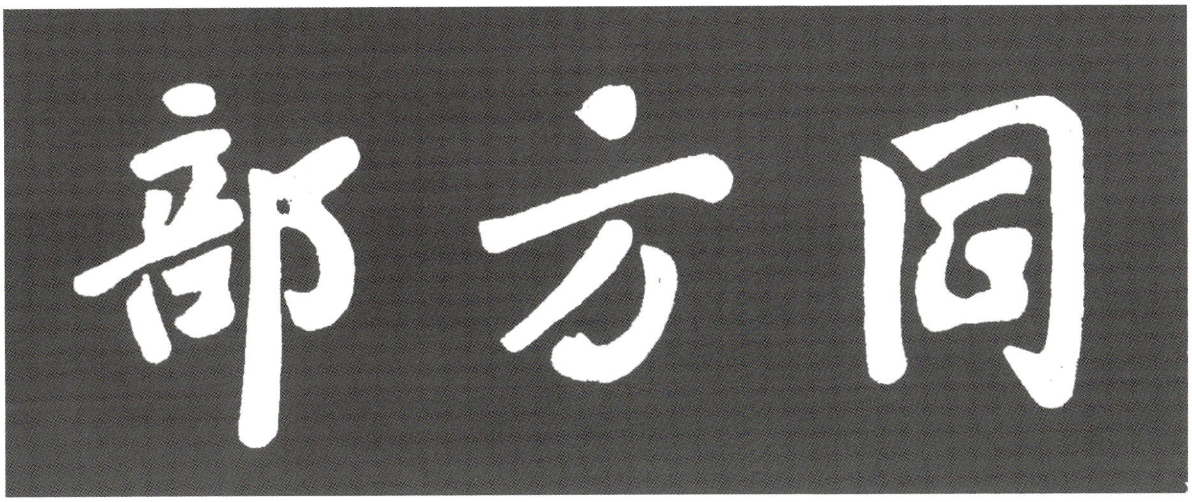

（150cm×70cm）

七 同方部

同方部（一九一二年）位于清华学堂北，建筑面积六百八十六平方米，初期用做礼堂。一九二三年改名同方部，语出《礼记·儒行》：『儒有合志同方，营道同术。』意为志同道合者相聚的地方。

（180cm × 80cm）

八 图书馆

图书馆三期工程——逸夫馆（一九九一年）由香港著名爱国人士邵逸夫先生捐资和原国家教委投资共建，建筑面积两万零一百二十平方米，由关肇邺院士设计。

（210cm×72cm）

八 图书馆

图书馆一期工程（楼馆东翼，一九一六—一九一九年）由美国建筑师墨菲设计，二期工程（中厅、西翼及东后书库，一九三〇—一九三一年）由清华一九二一届校友杨廷宝设计。建筑面积共计七千九百四十平方米。

（20cm × 50cm）

九 甲所

甲所位于清华大学工字厅前园林西南，建于一九一七—一九一九年，砖木结构，建筑面积五百二十三平方米，原是校长住宅。现甲所为一九八五—一九八七年翻建的砖混楼房，建筑面积三千五百一十八平方米，为学校招待所。由叶茂煦设计。

（320cm×35cm）

十 科学馆

科学馆建于一九一七—一九一九年，位于大礼堂西南，建筑面积三千五百五十平方米，由美国建筑师墨菲设计（英文馆名 SCIENCE BVILDING，十九世纪前英文 V 与 U 不分，可通用）。

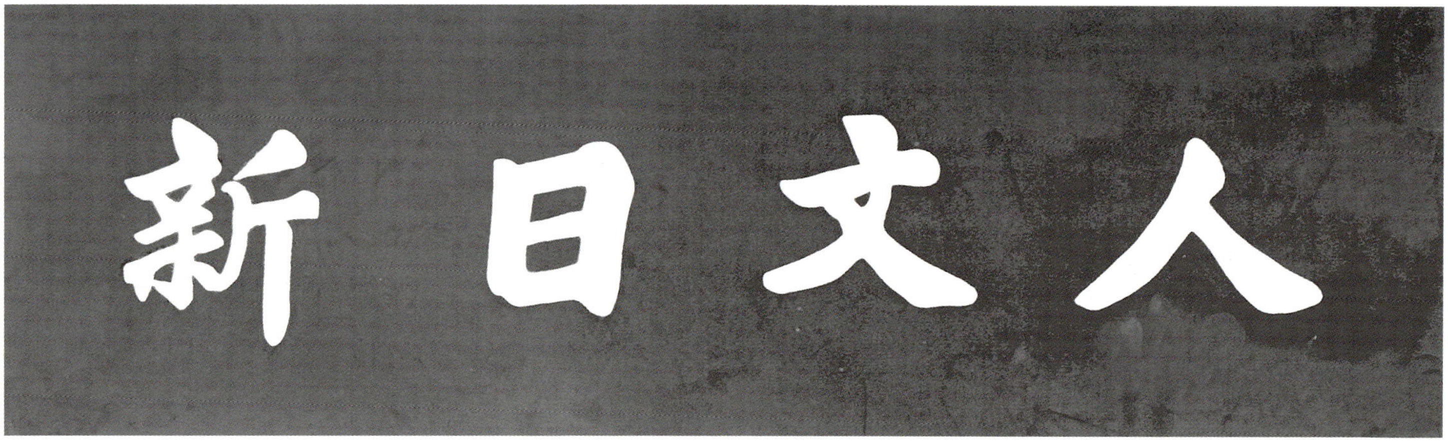

（220cm × 65cm）

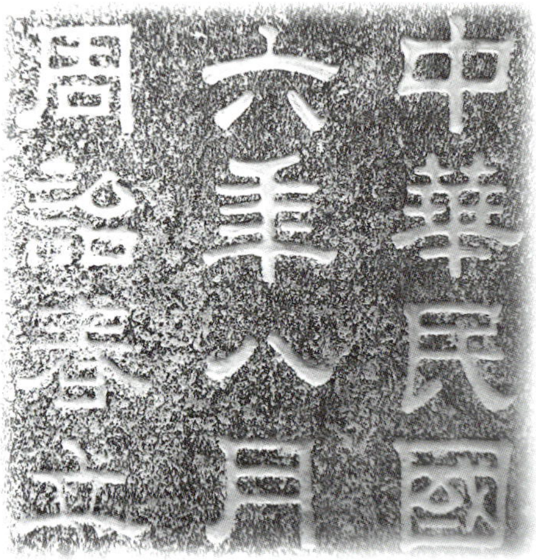

（70cm × 70cm）

（直径200cm）

十一 大礼堂

大礼堂建于一九一七—一九二一年，建筑面积一千八百四十八平方米，一千四百八十七个座位，为当时国内最大的礼堂。罗马希腊式混合建筑，由美国建筑师墨菲设计。

大礼堂外墙角奠基石由周诒春校长立。大礼堂内台口上方高悬巨型校徽（一九九五年重制），二层放映窗上方悬挂『人文日新』匾（现匾为一九九五年仿制）。

（200cm×30cm）

十二 土木工程馆

土木工程馆（一九二一—一九二二年）位于清华学堂东南，建筑面积二千二百平方米。初为留美预备学校学生工艺实习馆，后改为土木工程系馆。

（140cm × 60cm）

十三 成志学校

成志学校（一九二七年）位于清华大学二校门西，现校工会所在地。该学校始创于一九一五年，为清华教员子弟学校，是清华附小和附中的前身。

（340cm×110cm）

十四 生物学馆

生物学馆（一九三〇年）位于清华大学西区理科楼群之南，建筑面积四千二百二十平方米，由杨廷宝设计，是原清华大学生物学系和理科研究所生物学部的楼馆。

（90cm × 45cm）

十五 明斋

明斋（一九三〇年）位于清华大学图书馆西北，建筑面积四千四百一十七平方米。原为大学第一栋学生宿舍，后改为教工宿舍。

（210cm×60cm）

十六 化学馆

化学馆（一九三一—一九三三年）位于清华大学学校西北，建筑面积五千七百二十二平方米，沈理源设计。

（370cm×90cm）

十七 何添楼

何添楼（二〇〇四年）由香港银行家及企业家何添博士捐资和清华大学注资共同兴建，西面通过连廊与老化学馆相接，又称新化学馆。关肇邺设计。

（236cm×40cm）

十八 水力实验馆

水力实验馆（一九三四年）为旧水利馆，位于清华学堂南，建筑面积二千八百九十二平方米，仿德国同类实验室建造，被誉为『中国第一水工实验所』，由本系教师自己设计，馆名为近代水利专家李协（李仪祉）手迹。

十九 静斋

静斋（一九三二年）位于清华大学工字厅西南，建筑面积二千一百零九平方米。曾为女生宿舍。

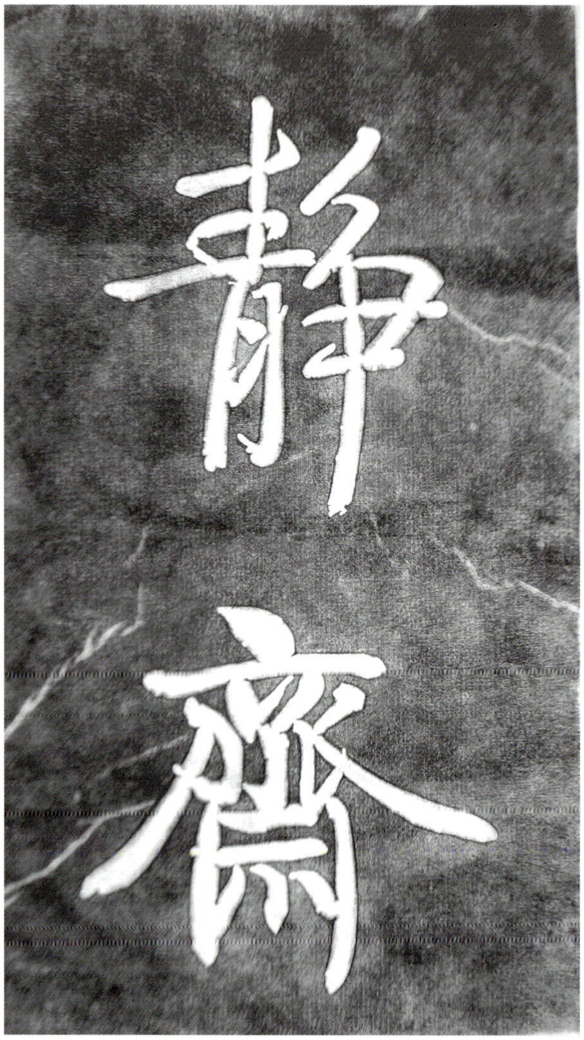

（40cm × 70cm）

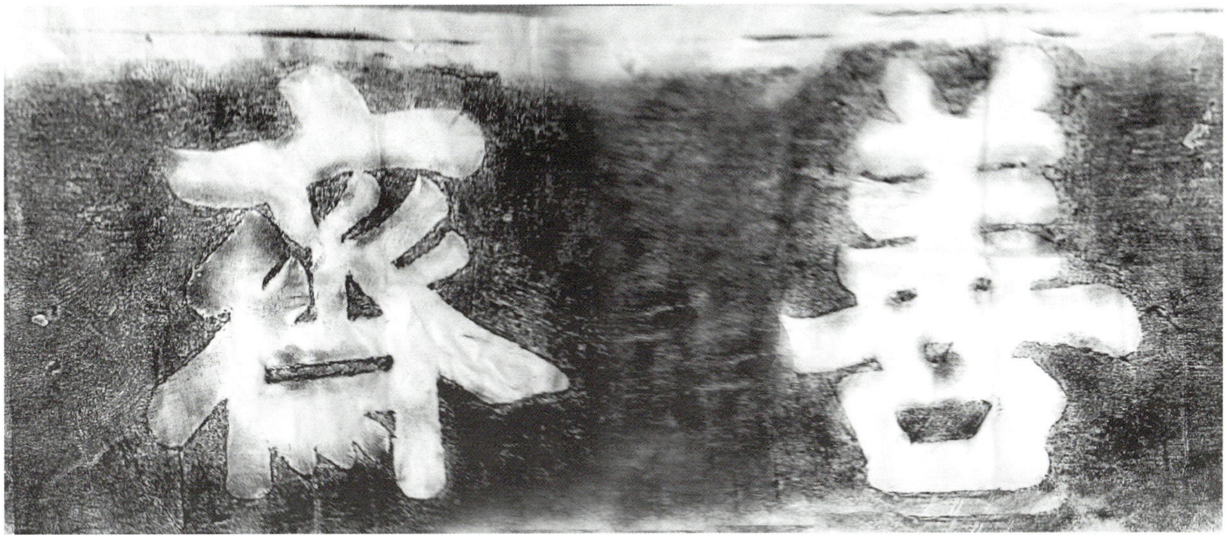

（170cm × 40cm）

二十 善斋

善斋（一九三二年）位于清华大学西大操场北，建筑面积二千二百平方米。曾为学生宿舍及教工宿舍。

（185cm×42cm）

二十一 机械工程馆

机械工程馆（一九三四年）位于清华大学二校门东，建筑面积二千六百五十二平方米，沈理源设计。国民党元老吴敬恒（吴稚晖）题馆名。

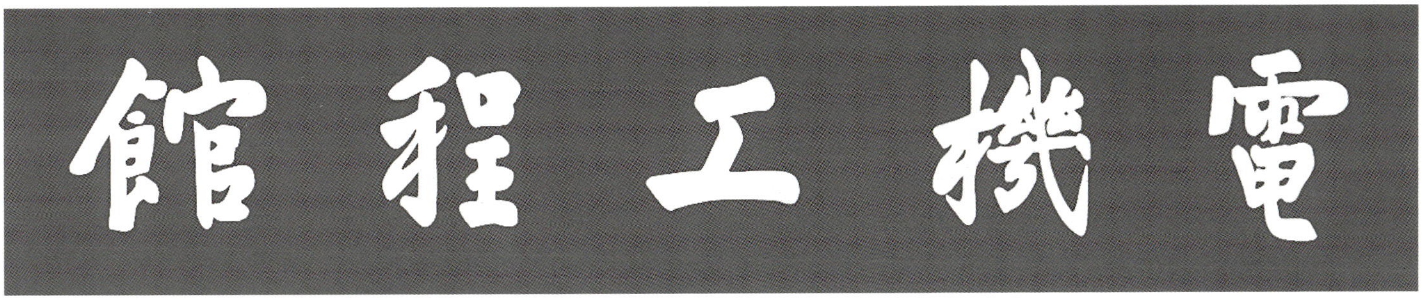

（320cm × 35cm）

二十二 电机工程馆

电机工程馆（一九三四年）位于清华学堂东北，建筑面积三千〇三十八平方米，沈理源设计。原为大学电力、电讯学科系列实验室。现为新闻传播学院楼。

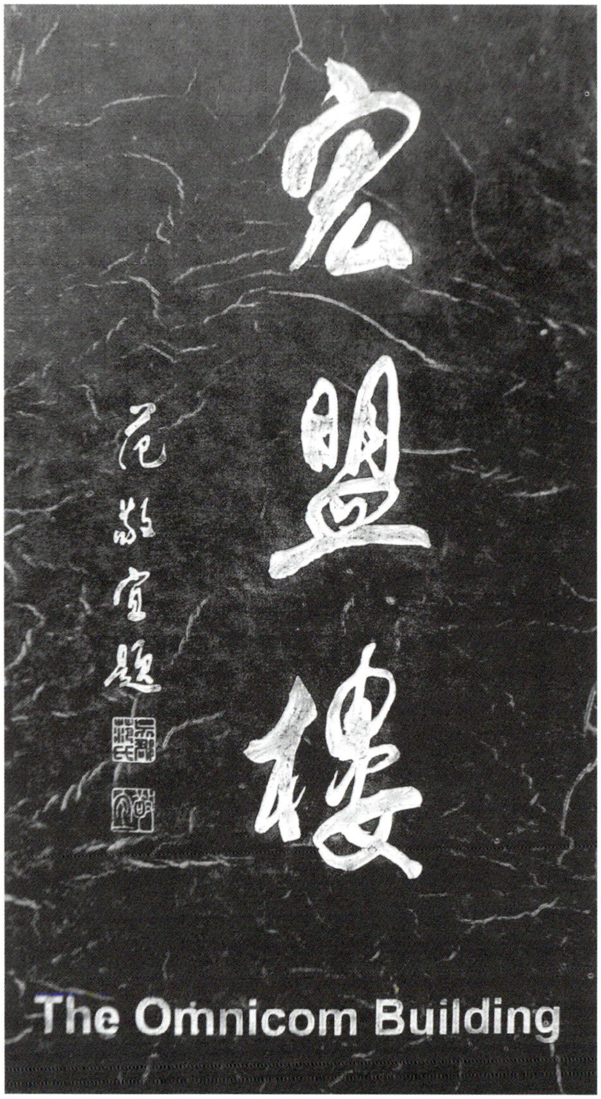

（60cm × 100cm）

二十三 宏盟楼

二〇〇六年法国宏盟集团为清华大学新闻传播学院捐资修建学院楼，学校将电机工程馆命名为『宏盟楼』，由清华大学新闻与传播学院院长范敬宜题写。

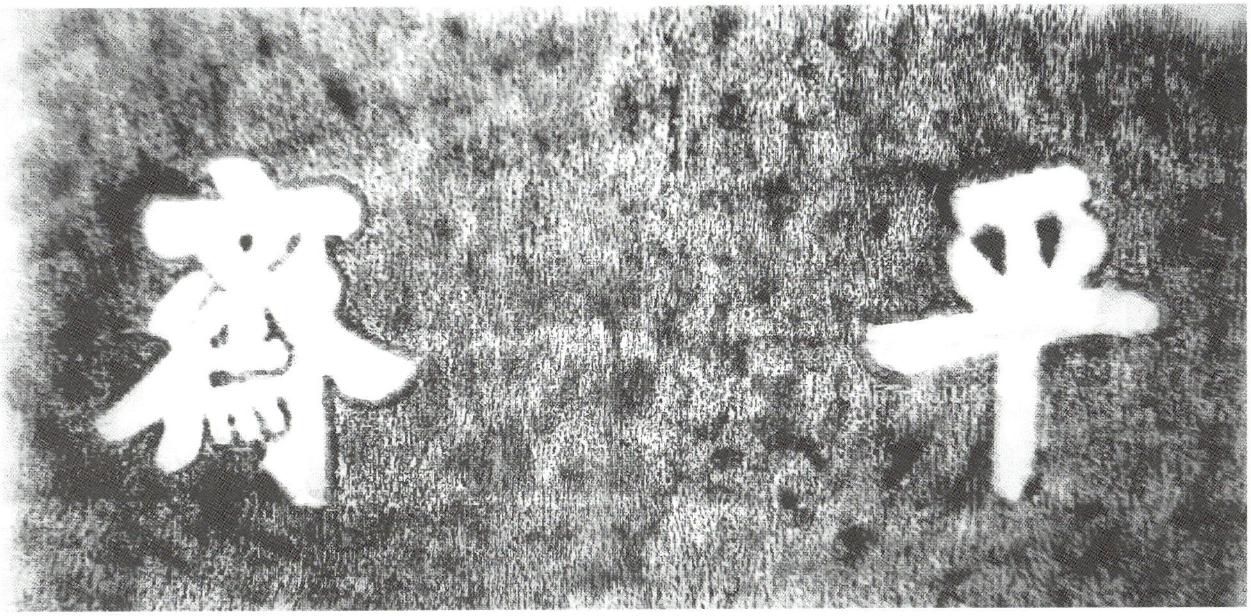

（130cm × 70cm）

二十四 平斋

平斋（一九三五年）位于清华大学西大操场北，建筑面积二千七百五十九平方米。曾为学生宿舍及教工宿舍。

（130cm×50cm）

（180cm×55cm）

二十五 新斋

新斋（一九三五年）位于清华大学图书馆北，建筑面积四千零五十平方米。曾为学生宿舍，二○○四年人文社会科学学院迁入。

（30cm × 130cm）

（40cm×70cm）

二十六 强斋

强斋（一九五一年）位于清华大学工字厅以西，建筑面积六百零七平方米。

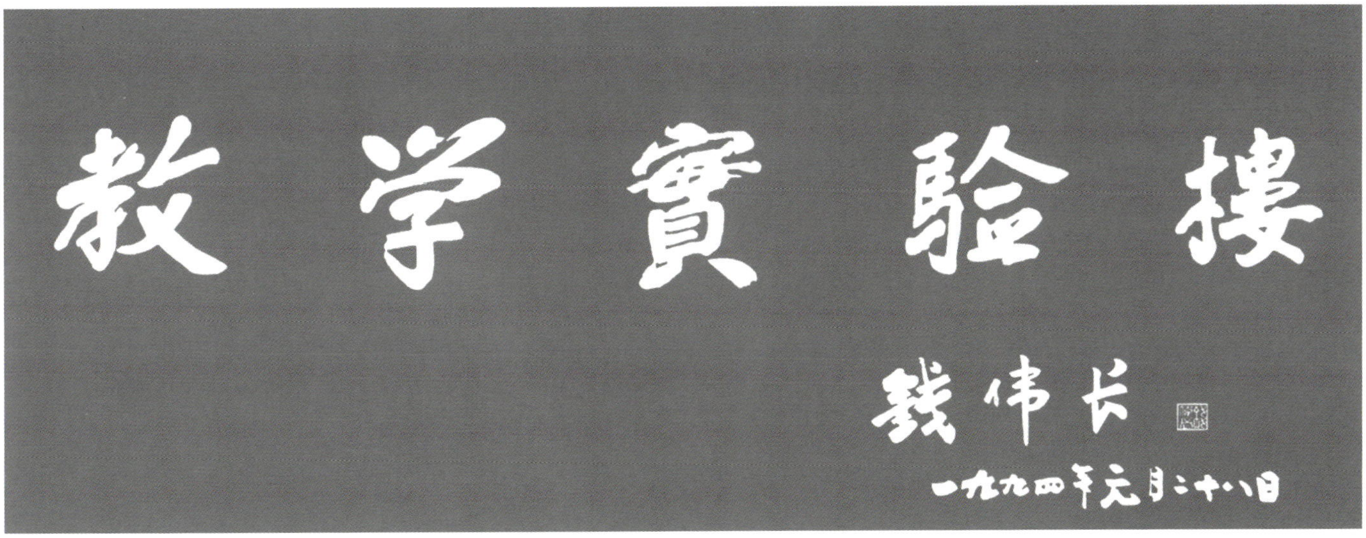

（1320cm × 460cm）

（560cm × 100cm）

二十七 清华大学附属中学

清华大学附属中学位于清华大学西北部，西向圆明园。建筑面积两万平方米，占地八万平方米，北京市重点中学。其前身为始创于一九一五年的成志学校。

清华附中的教学实验楼建于一九九四年，由全国政协原副主席、我校一九三五届校友钱伟长题名。

（50cm×210cm）

二十八 黄松益楼

黄松益楼（文科二楼）位于清华大学南北主干道西，始建于一九八六年，初为经管学院楼，一九九七年改为文科二楼，建筑面积四千六百四十二平方米，谢照唐、曹涵棻设计。二〇〇四年美籍华人黄松益（Henry Wong）先生捐资冠名为『黄松益楼』。

二十九 敬老公寓

敬老公寓（一九九一年）位于清华大学照澜院十三号（照澜院始建于一九二一年，原为教工住宅）。

（26cm×135cm）

（110cm×24cm）

（60cm×30cm）

三十 档案馆

档案馆（一九九二年）位于清华大学图书馆东侧（原北院旧址），建筑面积二千二百平方米。关肇邺设计。

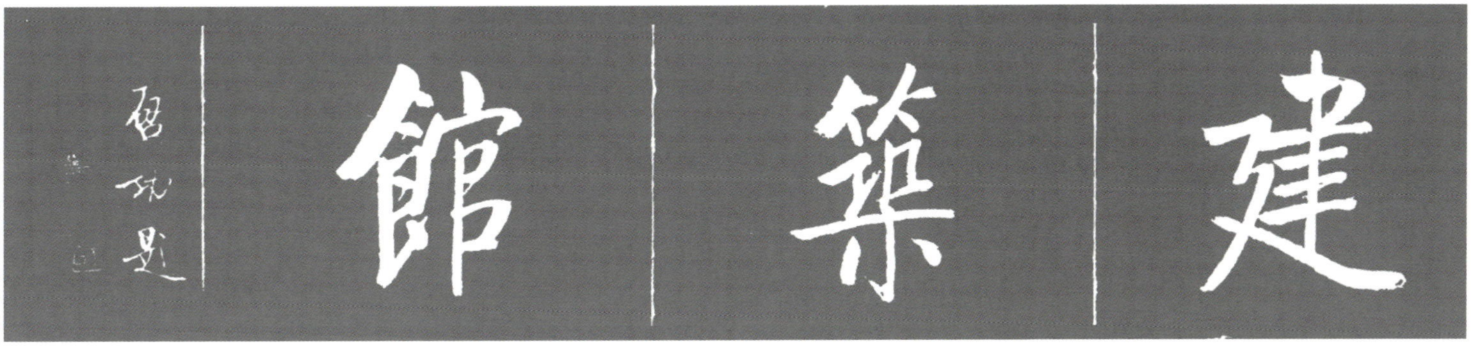

（470cm × 96cm）

（120cm × 56cm）

三十一 建筑馆——梁銶琚楼

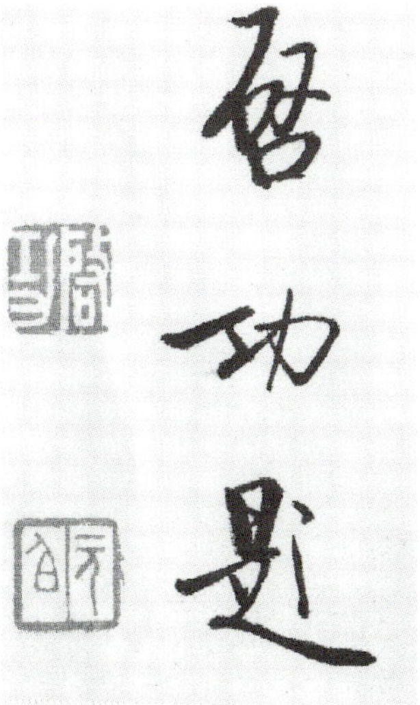

建筑馆——梁𫓯琚楼（一九九五年）位于清华大学主楼前广场东南侧，建筑面积一万五千八百二十平方米。香港企业家梁𫓯琚先生及其女捐资兴建。启功先生题写馆名和楼名，胡绍学设计。

（250cm×80cm）

三十二 蒙民伟楼

蒙民伟楼（一九九五年）位于清华大学西体育馆以南，建筑面积四千零七十一平方米，为艺术教育中心所在地。由校友、香港信兴集团创始人蒙民伟先生捐资兴建，曹涵棻设计，楼名为王羲之帖集字。

（460cm×80cm）

三十三 清华大学洁华幼儿园

清华大学洁华幼儿园（一九九六年）位于清华大学教工住宅南区，建筑面积九千三百四十五平方米，由清华幼儿园扩建而成，由香港王梁洁华女士捐资冠名。祁斌设计。李铎书写园名。

（420cm×207cm）

三十四 经济管理学院

经济管理学院伟伦楼（一九九七年）位于清华大学主楼前广场西侧，建筑面积一万三千一百七十平方米。主要由香港实业家利国伟博士捐资兴建，以利国伟夫妇名各取一字『伟伦』冠楼名。胡绍学、隋力设计。时任国务院总理、经管学院院长朱镕基题写『经济管理学院』。

（550cm × 160cm）

三十五 明理楼

明理楼（一九九九年）为法学院楼，位于清华大学主楼前广场西侧，建筑面积一万平方米。由香港中信泰富有限公司主席荣智健先生捐建，前国家副主席荣毅仁先生题写楼名。胡绍学设计。

（383cm×76cm）

（320cm×50cm）

三十六 生命科学馆——伟伦馆

生命科学馆——伟伦馆（一九九八年）位于清华大学校园西部理科楼群，建筑面积一万平方米。由香港伟伦基金有限公司捐资和国家专项投资兴建。关肇邺设计。

（530cm × 96cm）

三十七 蒙民伟理科馆

蒙民伟理科馆（一九九九年）位于清华大学校园西部理科楼群，建筑面积一万五千平方米。关肇邺设计。二〇〇四年由蒙民伟先生捐资冠名。

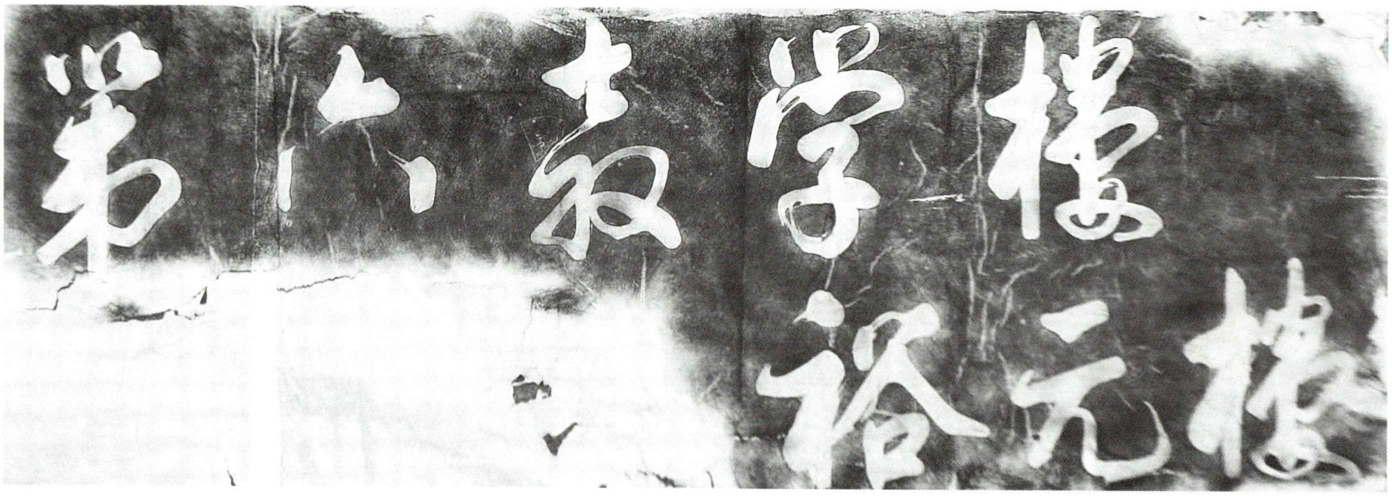

（160cm×60cm）

三十八 第六教学楼——裕元楼

第六教学楼——裕元楼（二〇〇三年）位于清华大学三教东侧，由台湾企业家蔡其瑞先生领导的裕元工业集团及蔡氏兄弟捐资和学校注资合力建成，建筑面积三万四千零四十五平方米。叶彪设计。

三十九 熊知行楼

熊知行楼（二〇〇四年）位于清华大学校园西南部，南邻附属小学操场，建筑面积四千平方米。由我校一九四一届校友熊知行代表杏范教育基金会捐资和学校注资共建。胡绍学设计。

（132cm × 336cm）

（120cm×44cm）

四十 伍舜德楼

伍舜德楼是公共管理学院院馆（二〇〇四年），位于清华大学主楼西南，建筑面积九千七百四十平方米，由香港实业家伍舜德先生捐建。胡绍学设计。

（60cm × 300cm）

四十一 松山金炯珠楼——文北楼

松山金炯珠楼原为文北楼（一九八七年），位于清华大学新水利馆以东，南北干道以西，建筑面积三千零七十六平方米，何卫平设计。二〇〇四年韩国三安建设技术有限公司名誉董事长金炯珠（号松山）先生捐资冠名『松山金炯珠楼』。

（180cm × 70cm）

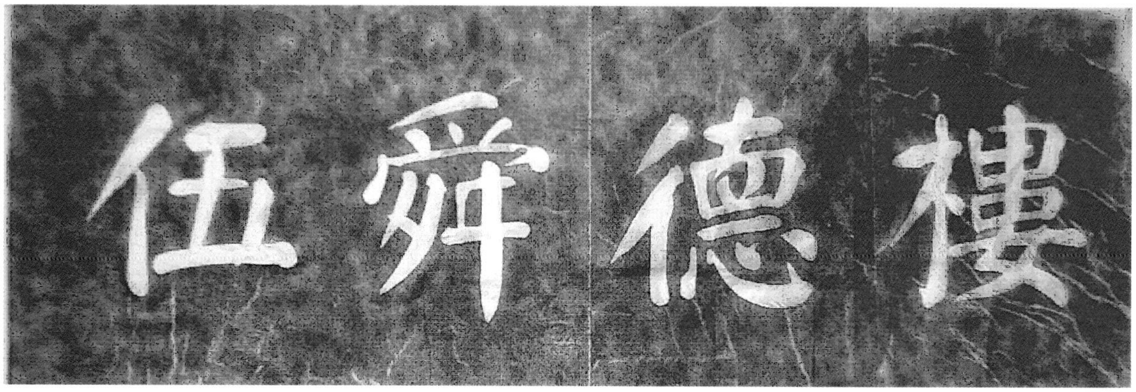

（170cm × 60cm）

（340cm × 110cm）

（340cm×70cm）

四十二 医学研究院楼群

医学研究院楼群（二〇〇六年）位于清华大学西北部，建筑面积三万四千平方米。医学研究院楼群分为三个相对独立的区域，分别为由台湾裕元集团总裁蔡其瑞先生捐建的裕元楼（清华—裕元医学研究中心）、香港美心集团创办人伍舜德先生捐建的伍舜德楼、香港李锦记集团主席李文达先生捐建的李文达生命科学与医学图书馆。关肇邺设计。

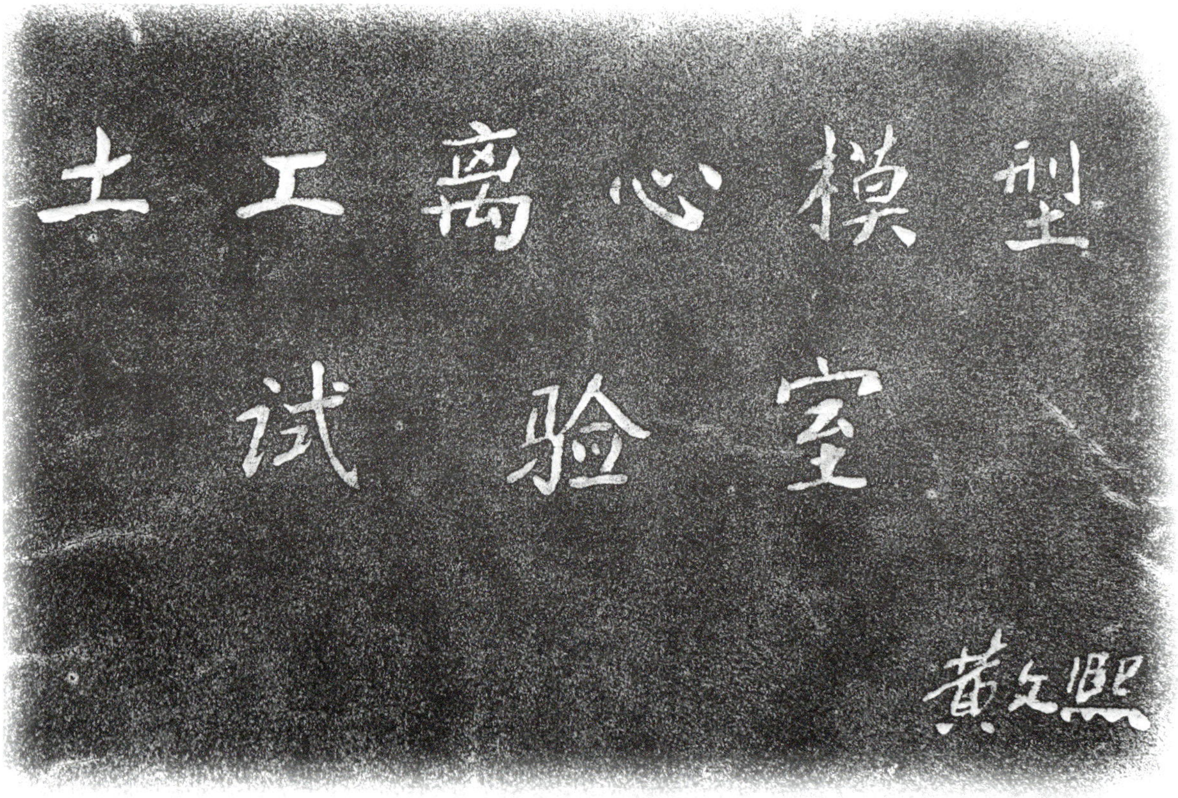

（70cm × 40cm）

四十三 土工离心模型试验室

「土工离心模型试验室」门牌挂于清华大学泥沙实验室西南墙，黄文熙院士题写。

（130cm × 50cm）

四十四 临漪榭

临漪榭原为清华大学近春园环岛上古建筑之一，后被拆毁。一九八四年清华大学在环岛西南建一临水廊亭取名临漪榭，通过游廊与晗亭相接。金德年书。

（吴邦国手稿尺寸为130cm×65cm）

四十五 清华大学校史馆

清华大学校史馆（二〇一一年）坐落于校园中心地带，两主干道清华路和学堂路十字交叉路口东北部，与新清华学堂、蒙民伟音乐厅共组成建筑群。校史馆建筑面积五千零六十平方米，由一九九〇届校友赵伟国捐建，二〇一一年四月落成。李道增院士主持设计。

二〇一一年三月，全国人大常委会委员长、清华大学一九六七届校友吴邦国为清华大学校史馆题写馆名。

清华大学碑碣匾额拓片集

【第二部分】纪念亭和纪念碑、纪念像

（100cm × 50cm）

一 闻亭

为纪念一九四六年七月在昆明被国民党特务杀害的著名爱国民主人士、清华大学教授闻一多先生，一九四六年八月清华大学北上复校之后，在清华大学钟亭原址上修建一座六角纪念亭，内悬一口明代大钟。木匾『闻亭』为闻一多级友、社会学家潘光旦教授手书。

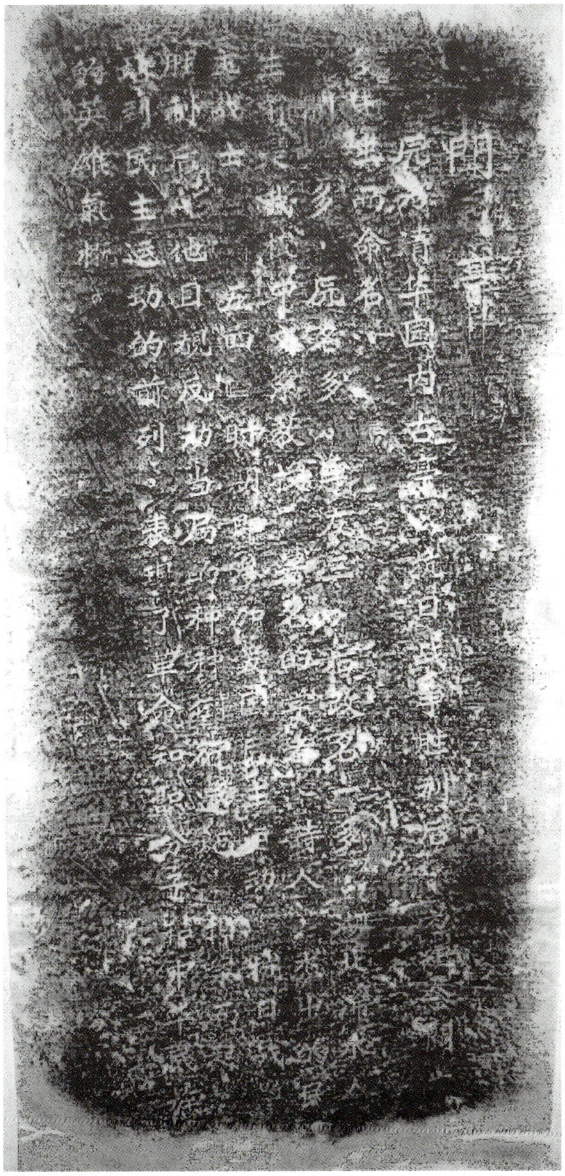

（40cm×90cm）

闻亭

原为清华园内古亭，抗日战争胜利后，为纪念闻一多先生而命名。闻一多，原名多，字友三，后改名一多，湖北浠水人，生前是我校中文系教授，著名的学者，诗人，杰出的民主战士，『五四』时期，即参加爱国民主运动，抗日战争胜利后，他目睹反动当局的种种倒行逆施，拍案而起，站到民主运动的前列，表现了革命知识分子和中华民族的英雄气概。

（110cm × 40cm）

二 自清亭

一九七八年八月，为纪念朱自清先生逝世三十周年，清华大学在水木清华荷池东岸重修古迤东亭并命名『自清亭』。

（40cm×90cm）

二 自清亭

自清亭

原为清华园内古亭，名『迤东亭』。一九七八年，在纪念朱自清先生逝世三十周年时，命名为『自清亭』。

朱自清，字佩弦，江苏东海人。生前是我校中文系教授。著名的学者和散文家。一九二六年，他曾经参加『三・一八』爱国游行。抗日战争胜利后他领衔发表声明积极支持革命学生反帝反蒋的斗争，宁可饿死不吃帝国主义的『救济粮』，表现了我们中华民族的英雄气概。一九四八年八月，终因贫病而逝。

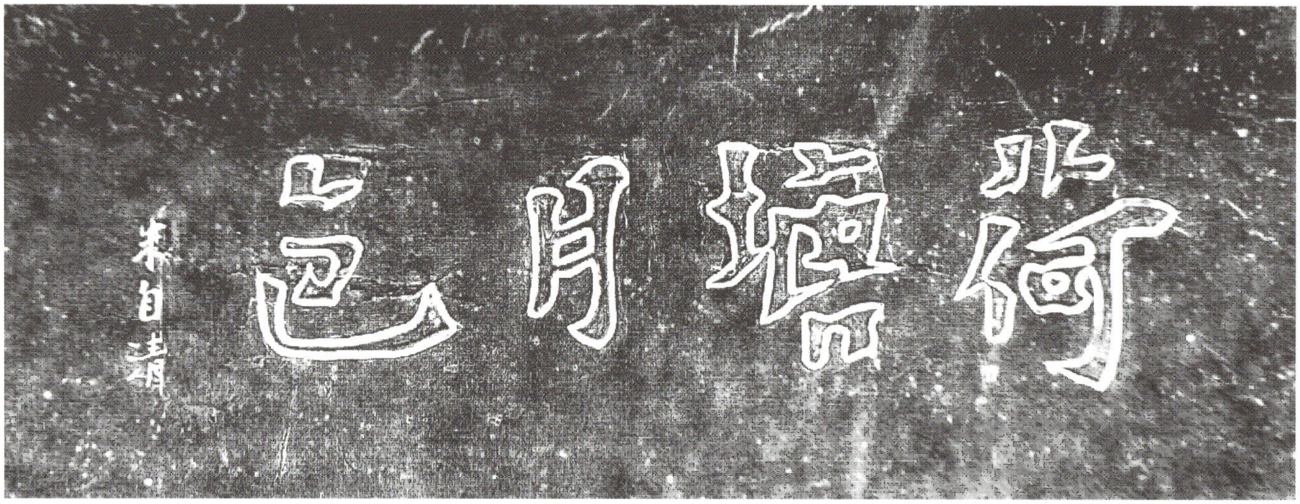

（110cm × 50cm）

三 荷塘月色亭

一九四八年，为纪念朱自清教授及其名篇《荷塘月色》，中文系师生曾在强斋后的土坡上建『荷塘月色』草亭，由冯友兰先生题匾额。一九八七年四月，学校在近春园环岛东山新建荷塘月色亭。『荷塘月色』及落款『朱自清』字体源于朱自清先生手稿中字迹集成。

（130cm×70cm）

四 晗亭

一九八四年清华大学为纪念一九三四届校友、历史学家吴晗，在近春园遗址环岛西南建晗亭，邓小平同志题写匾额。

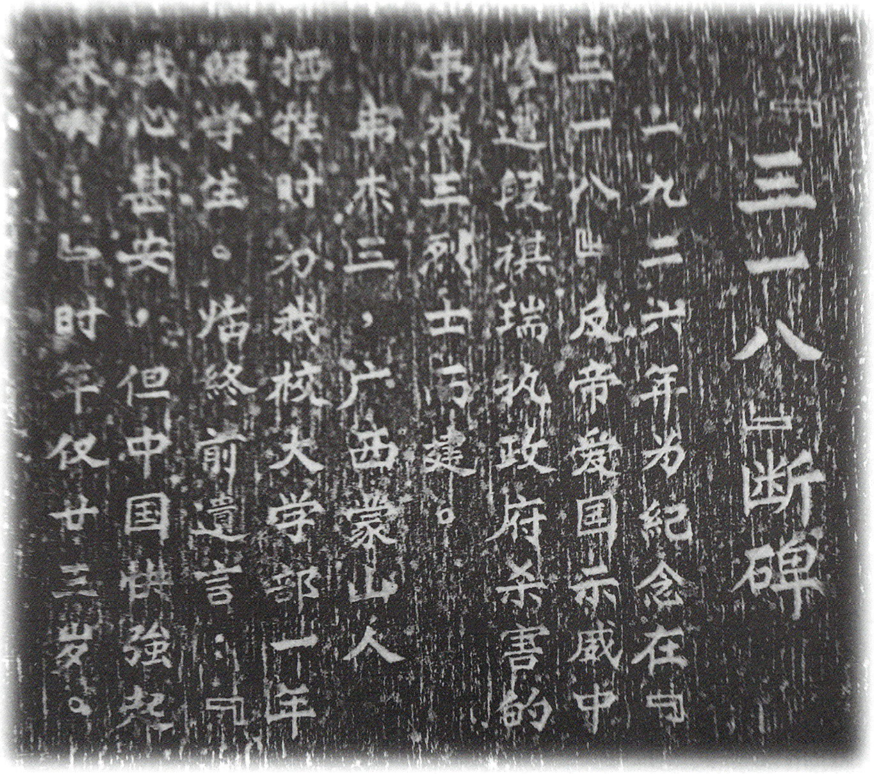

（30cm×40cm）

五 『三一八』断碑——韦杰三烈士纪念碑

韦杰三（一九〇三—一九二六），广西蒙山人，一九二五级校友。在一九二六年『三·一八』惨案中牺牲。为了永远地纪念，清华学生会从圆明园废墟移来大理石断柱为烈士立碑，寓意栋梁之才遭反动派摧残而夭折，警示后人勿忘国耻。

（56cm × 10cm）

（102cm × 20cm）

（68cm × 12cm）

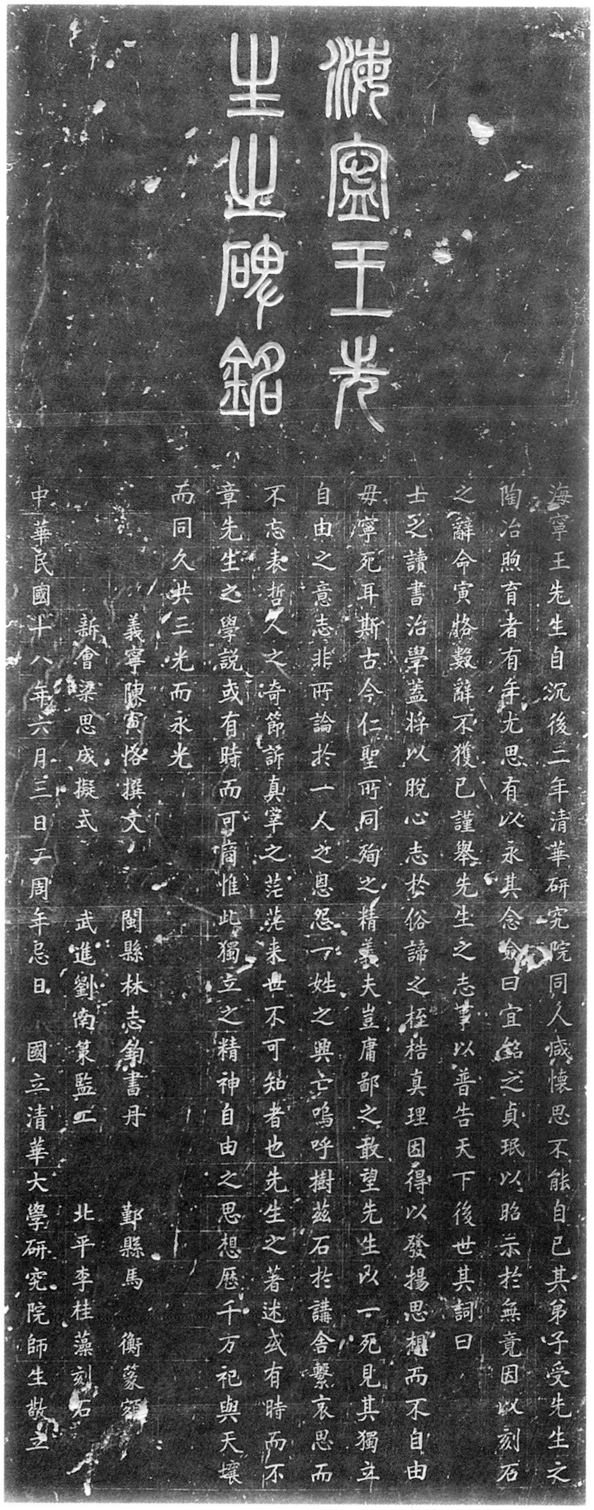

海寧王先生之碑銘

海寧王先生自沉後二年清華研究院同人咸懷思不能自已其弟子受先生之
陶冶煦育者有年尤思有以永其念僉曰宜銘之貞珉以昭示於無竟因以刻石
之辭命寅恪數辭不獲已謹舉先生之志事以普告天下後世其詞曰
士之讀書治學蓋將以脫心志於俗諦之桎梏真理因得以發揚思想而不自由
毋寧死耳斯古今仁聖所同殉之精義夫豈庸鄙之敢望先生以一死見其獨立
自由之意志非所論於一人之恩怨一姓之興亡嗚呼樹茲石於講舍繫哀思而
不忘表哲人之奇節訴真宰之茫茫來世不可知者也先生之著述或有時而不
章先生之學說或有時而可商惟此獨立之精神自由之思想歷千万祀與天壤
而同久共三光而永光
義寧陳寅恪撰文　閩縣林志鈞書丹　鄞縣馬衡篆額
新會梁思成擬式　武進劉南策監工　北平李桂藻刻石
中華民國十八年六月三日二周年忌日　國立清華大學研究院師生敬立

（93cm×220cm）

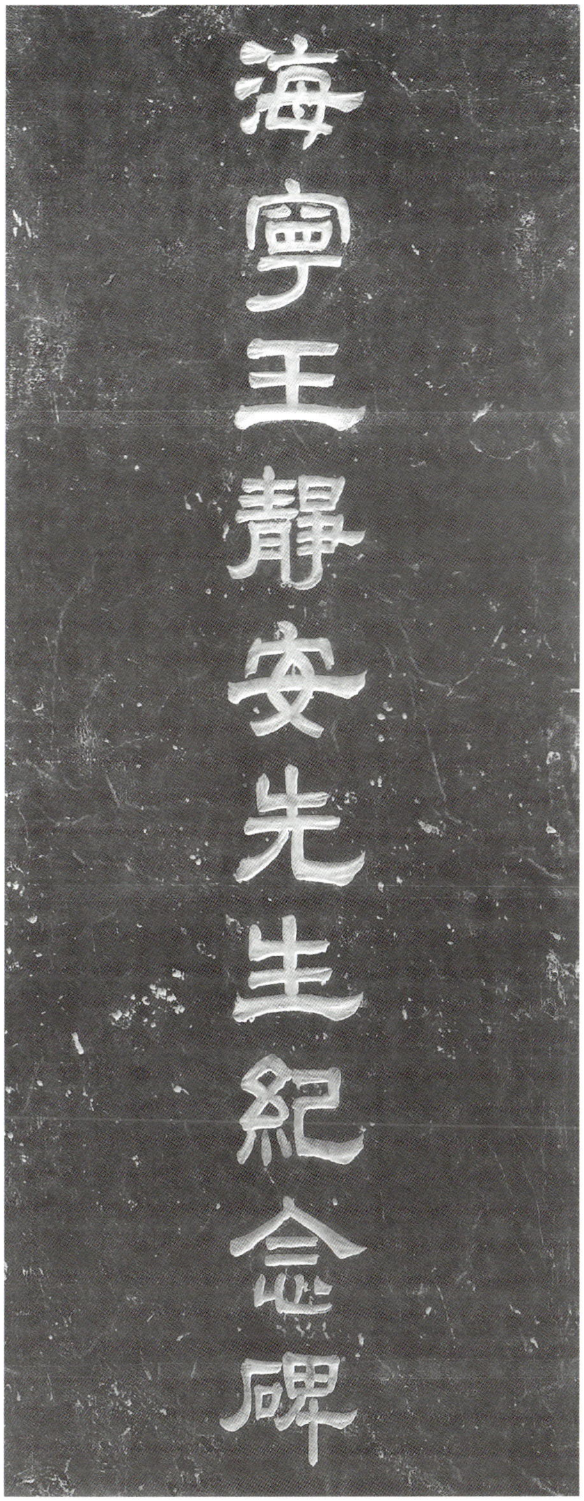

（93cm×220cm）

六 海宁王静安先生纪念碑

王国维（一八七七—一九二七），字伯隅、静庵（安），号观堂，浙江海宁人，清末民初著名学者，清华大学研究研究院四大导师之一。一九二九年夏，清华国学研究院师生为纪念导师王国维先生逝世两周年集资树碑，碑文由陈寅恪撰稿，碑式由梁思成设计，马衡撰额，林志钧书丹。立于清华大学科学馆南土山东麓。一九八〇年纪念碑在原址修复，现碑体为原文物。

海宁王先生自沉后二年，清华研究院同人咸怀思不能自已。其弟子受先生之陶冶煦育者有年，尤思有以永其念，佥曰宜铭之贞珉，以昭示于无竟。因以刻石之辞命寅恪，数辞不获已，谨举先生之志事以普告天下后世。其词曰：士之读书治学，盖将以脱心志于俗谛之桎梏，真理因得以发扬。思想而不自由，毋宁死耳。斯古今仁圣所同殉之精义，夫岂庸鄙之敢望。先生以一死见其独立自由之意志，非所论于一人之恩怨，一姓之兴亡。呜呼！树兹石于讲舍，系哀思而不忘；表哲人之奇节，诉真宰之茫茫。来世不可知者也。先生之著述，或有时而不章；先生之学说，或有时而可商，惟此独立之精神，自由之思想，历千万祀，与天壤而同久，共三光而永光。

义宁陈寅恪撰文，闽县林志钧（宰平）书丹，鄞县马衡篆额，新会梁思成拟式，武进刘南策监立，北平李桂藻刻石

中华民国十八年六月三日二周年忌日

国立清华大学研究院师生敬立

七 国立西南联合大学纪念碑

二〇〇七年十月二十七日，为纪念西南联合大学建立七十周年，由校友总会立项、校基金会筹资、美术学院设计和校基建处承建的西南联大纪念碑亭建成，坐落在清华大学新航空馆以北校河边，碑体由纯黑花岗岩制成。主碑复制于一九四六年的云南昆明『国立西南联合大学纪念碑』，阳面刻有纪念碑碑文，阴面刻有抗战期间联大的八百三十四名从军学生名单，侧碑分别刻有西南联大校训和清华纪念碑志。

国立西南联合大学纪念碑

文学院院长冯友兰撰文，中国文学系教授闻一多篆额，中国文学系主任罗庸书丹。

中华民国三十四年九月九日，我国家受日本之降于南京，上距二十六年七月七日卢沟桥之变，为时八年；再上距二十年九月十八日沈阳之变，为时十四年；再上距清甲午之役，为时五十一年。举凡五十年间，日本所鲸吞蚕食于我国家者，至是悉备图籍献还。全胜之局，秦汉以来所未有也。国立北京大学、国立清华大学原设北平，私立南开大学原设天津。自沈阳之变，我国家之威权逐渐南移，惟以文化力量与日本争持于平津，此三校实为其中坚。二十六年平津失守，三校奉命迁移于湖南，合组为国立长沙临时大学，以三校校长蒋梦麟、梅贻琦、张伯苓为常务委员，主持校务。设法、理、工学院于长沙，文学院于南岳，于十一月一日开始上课。迨京沪失守，武汉震动，临时大学又奉命迁云南。师生徒步经贵州，于二十七年四月二十六日抵昆明。旋奉命改名为国立西南联合大学，设理、工学院于昆明，文、法学院于蒙自，于五月四日开始上课。一学期后，文、法学院亦迁昆明。二十七年，增设师范学院。二十九年，设分校于四川叙永，一学年后并于本校。昆明本为后方名城，自日军入安南，陷缅甸，乃成后方重镇。联合大学支持其间，先后毕业学生二千余人，从军旅者八百余人。河山既复，日月重光，联合大学之战时使命既成，奉命于三十五年五月四日结束。原有三校，即将返故居，复旧业。缅维八年支持之苦辛，与夫三校合作之协和，可纪念者，盖有四焉：我国家以世界之古国，居东亚之天府，本应绍汉唐之遗烈，作并世之先进，将来建国完成，必于世界历史居独特之地位。盖并世列强，虽新而不古；希腊、罗马，有古而无今。惟我国家，亘古亘今，亦新亦旧，斯所谓『周虽旧邦，其命维新』者也！旷代之伟业，八年之抗战，已开其规模、立其基础。今日之胜利，于我国家有旋乾转坤之功，而联合大学之使命，与抗战相终始，此其可纪念一也。文人相轻，自古而然，昔人所言，今有同慨。三校有不同之历史，各异之学风，八年之久，合作无间，同无妨异，异不害同，五色交辉，相得益彰，八音合奏，终和且平，此其可纪念者二也。万物并育而不相害，道并行而不相悖，小德川流，大德敦化，此天地之所以为大。斯虽先民之恒言，实为民主之真谛。联合大学以其兼容并包之精神，转移社会一时之风气，内树学术自由之规模，外来民主堡垒之称号，违千夫之诺诺，作一士之谔谔，此其可纪念者三也。稽之往史，我民族若不能立足于中原、偏安江表，称曰南渡。南渡之人，未有能北返者。晋人南渡，其例一也；宋人南渡，其例二也；明人南渡，其例三也。风景不殊，晋人之深悲；还我河山，宋人之虚愿。吾人为第四次之南渡，乃能于不十季间，收恢复之全功，庾信不哀江南，杜甫喜收蓟北，此其可纪念者四也。联合大学初定校歌，其辞始叹南迁流离之苦辛，中颂师生不屈之壮志，终寄最后胜利之期望；校以今日之成功，历历不爽，若合符契。联合大学之终始，岂非一代之盛事、旷百世而难遇者哉！爰就歌辞，勒为碑铭。铭曰：痛南渡，辞宫阙。驻衡湘，又离别。更长征，经峣嵲。望中原，遍洒血。抵绝徼，继讲说。诗书丧，犹有舌。尽笳吹，情弥切。千秋耻，终已雪。见仇寇，如烟灭。起朔北，迄南越。视金瓯，已无缺。大一统，无倾折。中兴业，继往烈。维三校，兄弟列。为一体，如胶结。同艰难，共欢悦。联合竟，使命彻。神京复，还燕碣。以此石，象坚节。纪嘉庆，告来哲。

西南联大校训：刚毅坚卓

（90cm × 290cm）

（50cm × 250cm）

八 施滉烈士纪念壁碑

施滉（一九〇〇—一九三三），字幼生，云南洱源县人。中共党员，曾化名赵大。清华大学一九二四届校友。历任香港海员工会书记、河北省委宣传部长、书记等职。一九三三年在北平被捕壮烈牺牲。一九四九年，部分在京的一九二四届校友于毕业二十五周年之际，在图书馆内为级友施滉修建纪念壁碑。

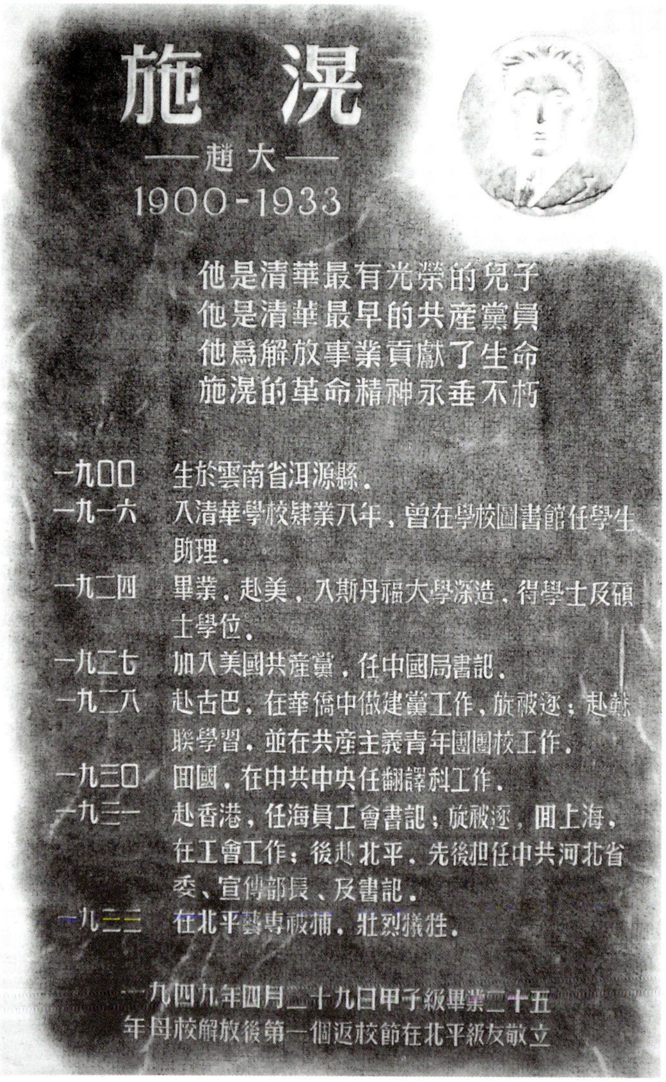

（70cm×100cm）

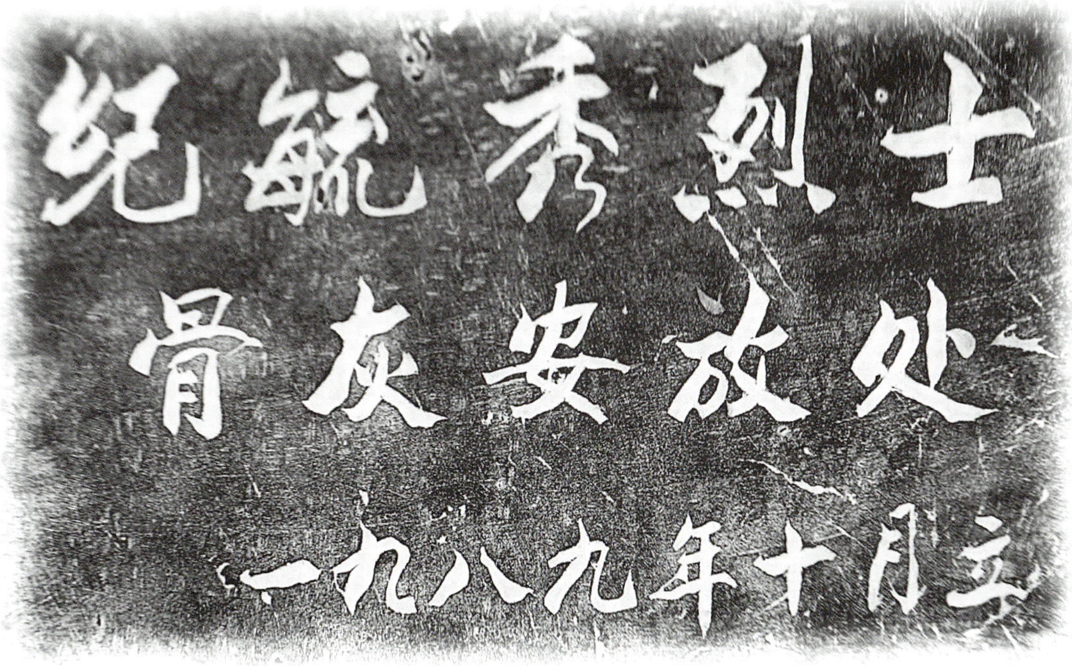

（55cm × 35cm）

九 纪毓秀烈士骨灰安放处纪念碑

纪毓秀（一九一七—一九三九），女，江苏宿迁人，一九三五级校友，中共党员，杰出的抗日救国运动女战士，被誉为山西三大妇女领袖之一，因艰苦环境中积劳成疾而逝世。一九八九年十月纪毓秀逝世五十周年之际，学校将她骨灰迁至水木清华北山安放。

背面（120cm×200cm）

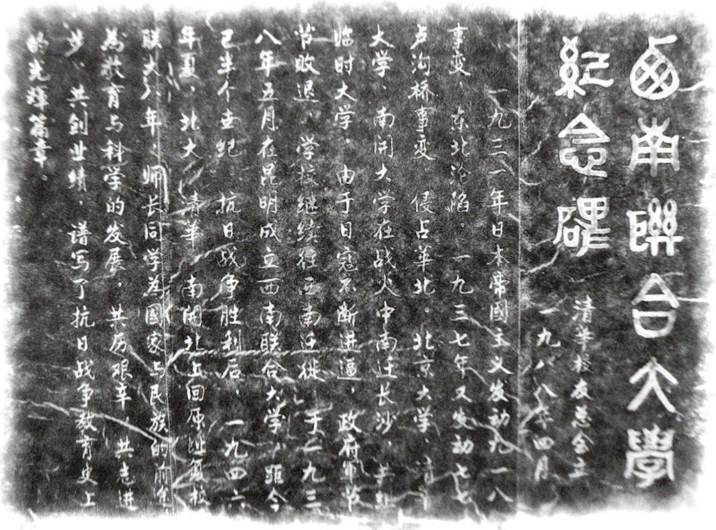

（120cm×200cm）

十 西南联合大学纪念碑

一九八八年四月立，位于申所东南。

西南联合大学纪念碑

清华大学校友总会立 一九八八年四月

一九三一年日本帝国主义发动九一八事变，东北沦陷。一九三七年又发动七七事变，侵占华北。北京大学、清华大学、南开大学在战火中南迁长沙，共组临时大学。由于日寇不断进逼，政府军节节败退，学校继续往西南迁徙，于一九三八年五月在昆明成立西南联合大学，距今已半个世纪，抗日战争胜利后，一九四六年夏，北大、清华、南开北上回原址复校。联大八年，师长同学为国家与民族的前途，为教育与科学的发展，共历艰辛，共志进步，共创业绩，谱写了抗日战争教育史上的光辉篇章。

（95cm×215cm）

十一 近春园遗址纪念碑

近春园遗址纪念碑立于一九八四年春。

近春园前身是始建于康熙四十六年（一七〇七年）的熙春园中心区。同治十二年（一八七三年），清廷为庆慈禧四十大寿，『择要』重修被英法联军烧毁的圆明园，经同治帝批准拆除近春园建筑，运走大批木植、石料，致使近春园沦为荒岛，一九五八年后才逐步改观。

（60cm×110cm）

十二 清华英烈纪念碑

清华英烈纪念碑于一九八九年九月二十八日落成，位于水木清华大学北山北坡。正面刻『祖国儿女 清华英烈』，背面刻有当时确认的二十三位烈士姓名。二〇〇一年四月，清华大学重塑碑身加修平台，平台北立面镶嵌黑色大理石壁碑，壁碑上镌刻有闻一多、施滉、韦杰三、熊大缜等当时确认的四十三位英烈的姓名、生日、入学时间及牺牲时间、地点记录。到目前为止 确认为国捐躯的清华英烈共五十一位。

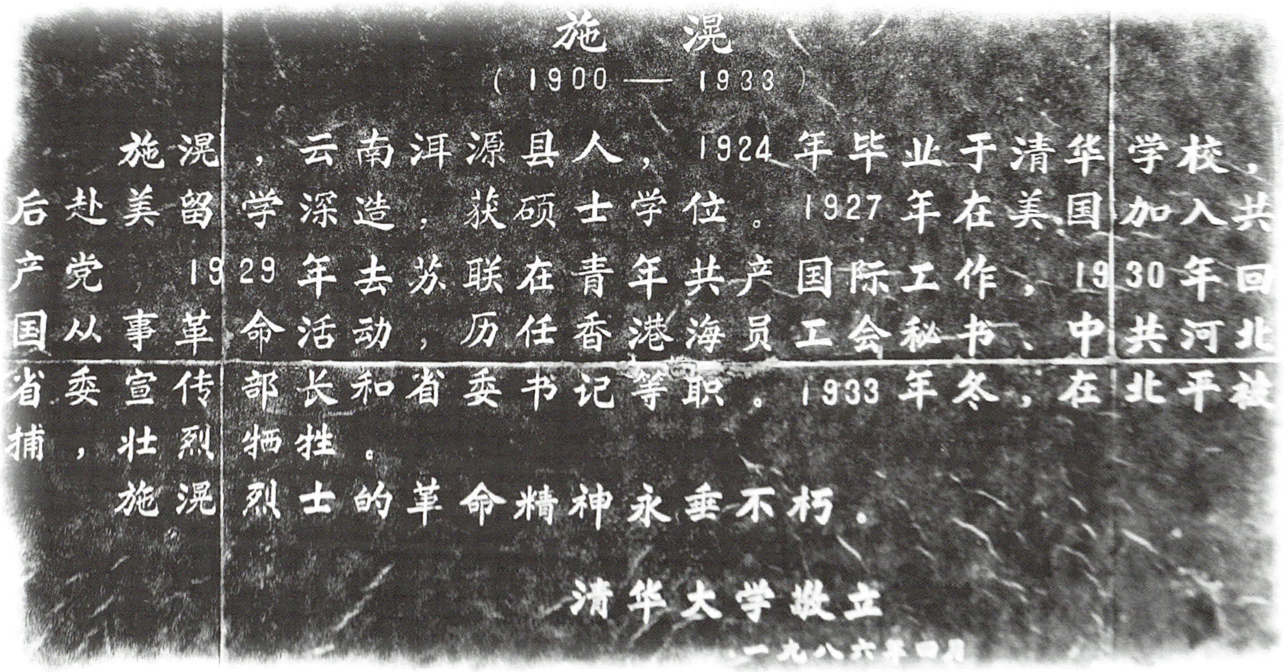

（145cm × 75cm）

十三 施滉纪念像

施滉烈士铜浮雕头像建于一九八六年四月，位于清华大学第三教室楼西外墙。

（135cm × 170cm）

十四 闻一多纪念像

为纪念闻一多先生牺牲四十周年，一九八六年清华大学于大礼堂西侧建立闻一多纪念像。红色花岗岩坐像背衬黑色大理石幕墙，壁刻闻一多先生名句『诗人主要的天赋是爱，爱他的祖国，爱他的人民』。中央美术学院教授钱绍武设计制作并书辞。

（60cm × 10cm）

十五 朱自清纪念像

朱自清雕像位于清华大学水木清华荷池北岸，一九八七年四月由中央美院教授王克庆设计制作。

（15cm × 70cm）

十六 吴晗纪念像

一九八六年四月，清华大学在近春园晗亭北建吴晗雕像，中央美院张得蒂教授设计制作。

基座后纪念碑文：

吴晗教授，历史学家，浙江义乌人。1931 年入清华大学学习，毕业后留校，治明史。曾任教于清华大学、云南大学、西南联合大学。四十年代，积极从事中国共产党领导下的民主革命运动。解放后，热情投身社会主义革命和建设事业，历任清华大学校务委员会副主任委员、文学院院长和北京市副市长等职。1957 年加入中国共产党，文化大革命中遭受迫害，不幸辞世。

清华大学敬立 一九八六年四月

（210cm × 20cm）

十七 马约翰纪念像

马约翰（一八八二—一九六六），福建厦门人，我国近代著名体育家、体育理论及体育教育家。一九一四年起在清华执教长达五十二年，任清华大学体育部主任，教授，中华全国体育总局主席等职。雕像立于一九八六年四月，坐落在清华大学西体育馆南。中央美院教授郭家端设计制作。

（110cm×70cm）

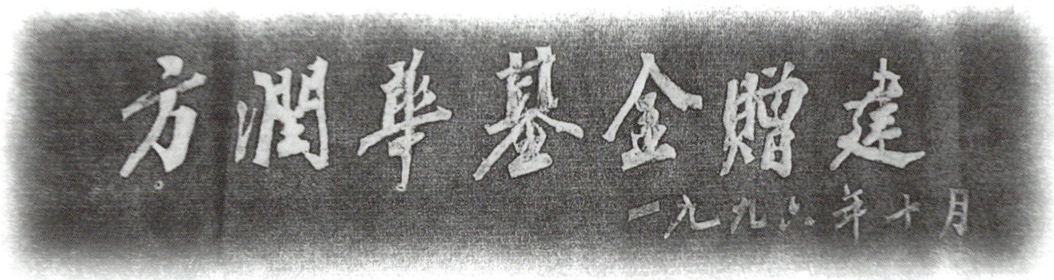

（70cm×20cm）

十八 孔子纪念像

香港方润华基金会捐赠孔子雕像（一九九六年），位于清华大学近春园环岛东南。

清华大学碑碣匾额拓片集

【第三部分】校友纪念物

一 一九一九届喷水池

一九一九届（己未级）喷水池原位于清华大学西体育馆南，后移至中央主楼西北角。基座铭刻『养源』。

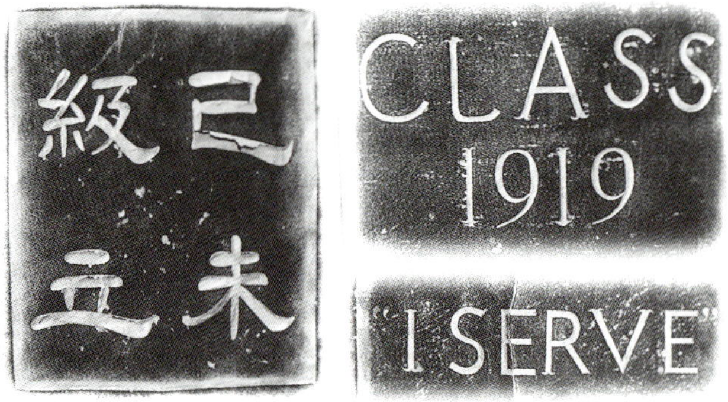

基座四面刻（30cm×40cm）

二　一九二〇届日晷

一九二〇届（庚申级）日晷位于清华大学大礼堂草坪南。基座南面刻“行胜于言”，后成为清华校风，北面刻『FACTA NON VERBA』，为拉丁语成语。

基座四面刻
（30cm×35cm）

（40cm × 30cm）

三 一九二二届喷水塔

一九二二届毕业献礼铜质喷水塔，原位于清华大学图书馆（一期）东门前草坪，一九九一年移至图书馆（三期）庭前现址。

（130cm × 50cm）

四 一九三三届喷水池

一九三三届校友捐建的喷水池，一九八三年建于清华大学生物馆南。

（80cm × 30cm）

五 一九二六届和一九三六届纪念亭台

一九二六届和一九三六届校友于一九八六年捐建湖畔凉亭，位于清华大学近春园荷池西南。

（30cm × 70cm）

六 一九三七届观荷台

一九三七届校友毕业五十周年，于一九八七年捐建观荷台，位于清华大学近春园环岛东南。

（60cm × 20cm）

七 经济学系一九五二届玉石桌凳

经济学系一九四八—一九五二级和一九四九—一九五二级校友赠玉石桌凳，位于清华大学经管学院南门内，地嵌『它山之石』牌。

（100cm × 30cm）

（100cm × 30cm）

（90cm × 30cm）

（90cm × 30cm）

八 一九六四届清华世纪鼎

一九六四届校友二〇〇〇年捐赠清华世纪鼎，铭刻校训『自强不息，厚德载物』。位于水力实验馆西。

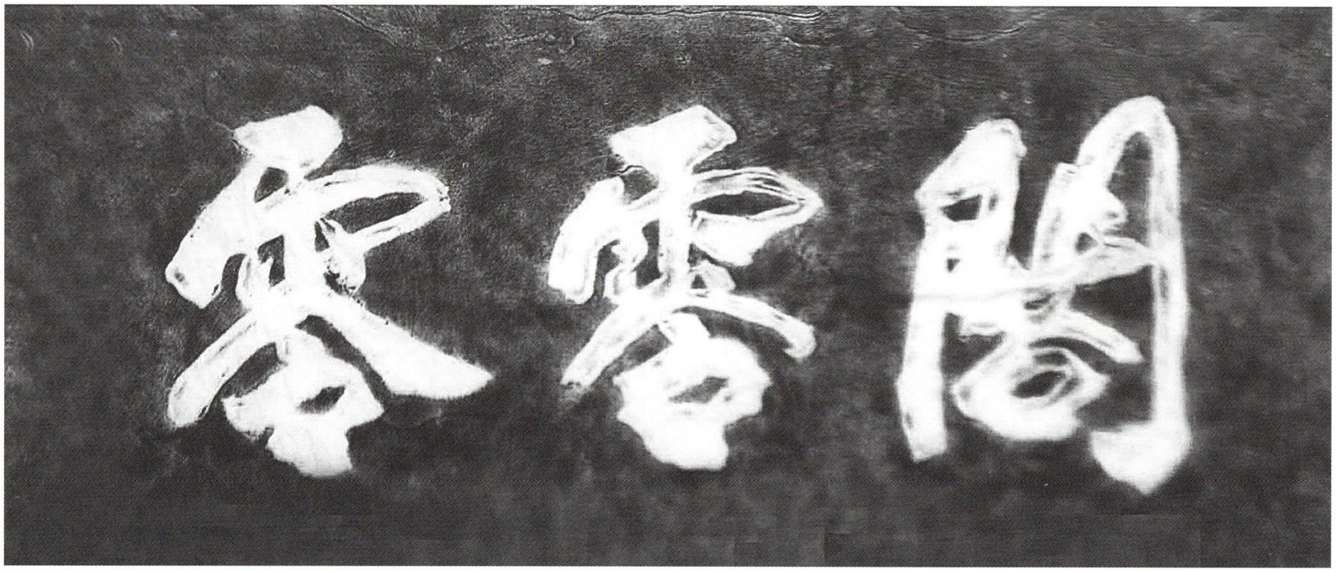

（130cm×55cm）

九 一九七〇届零零阁

一九七〇届零零字班全体校友捐资，于一九九六年在清华大学近春园西南角小山上建二层圆形阁楼。

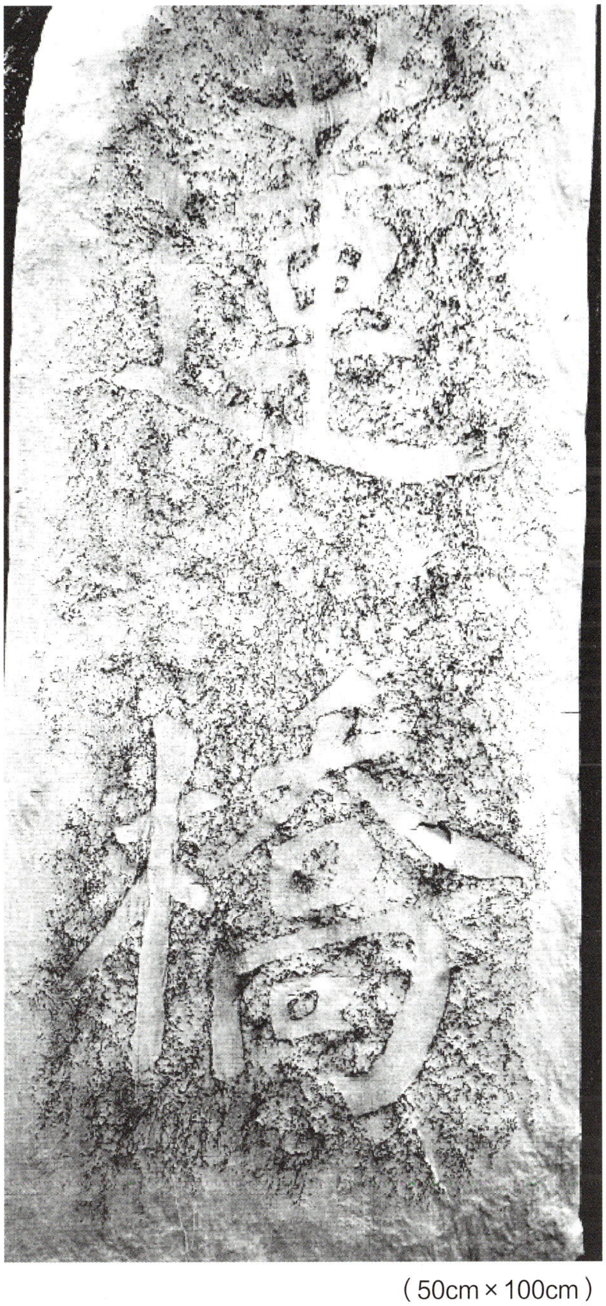

(50cm×100cm)

十 一九八〇届莲桥

一九七四—一九八〇届校友建石板桥『莲桥』，位于清华大学近春园东南。

十一 一九八一级地质之角

一九八一级校友和水利系校友捐资，于二〇〇六年在清华大学泥沙实验室以西建『校园实践教育基地——地质之角』巨石阵景观，张光斗先生题名『地质之角』。

（70cm×130cm）

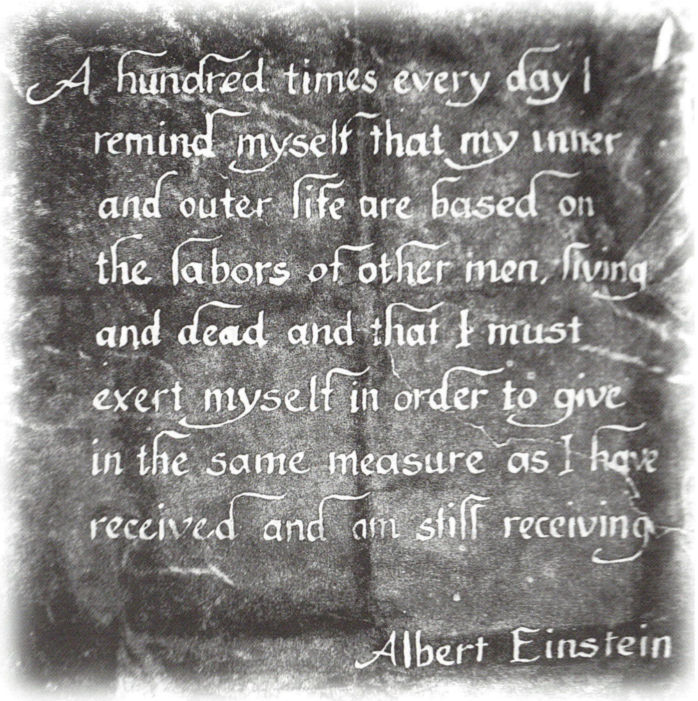

（80cm × 60cm）

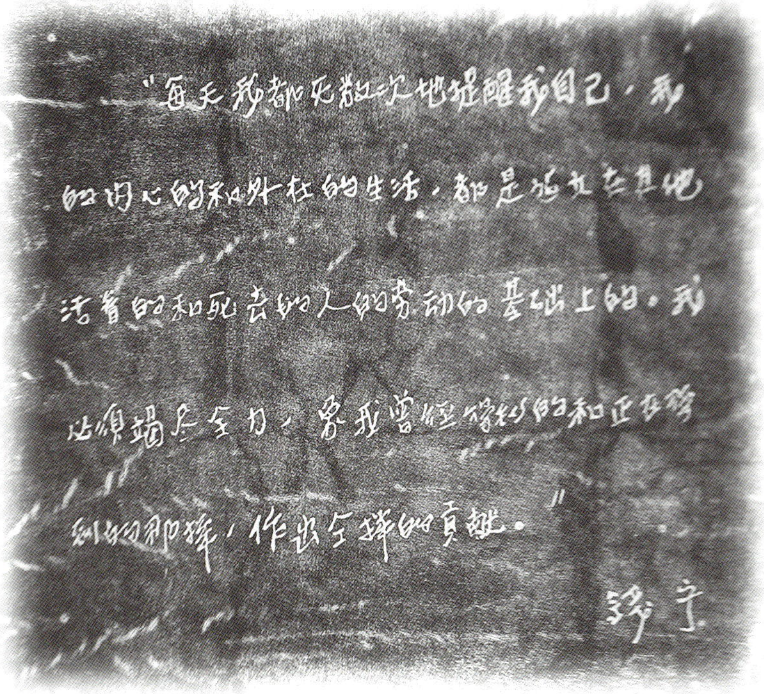

（80cm × 70cm）

十一　一九八一级地质之角

爱因斯坦手稿石刻和钱宁译文手稿石刻位于『地质之角』北。钱宁在美国柏克利加州大学的导师爱因斯坦（H.A.Einstein）教授是著名的德裔美国科学家、现代物理学的开创者和奠基人爱因斯坦（Albert Einstein）的儿子。当钱宁回国时，爱因斯坦（H.A.Einstein）教授把父亲给他的座右铭手稿送给钱宁。

『每天我都无数次地提醒我自己，我的内心的和外在的生活，都是建立在其他活着的和死去的人的劳动的基础上的。我必须竭尽全力，象我曾经得到的和正在得到的那样，作出仝样的贡献。』

钱宁（译）

（110cm × 50cm）

十二 一九八一级一亭

一九八一级校友捐资，于二〇〇六年在清华大学泥沙实验室以西『地质之角』景区建木质六角凉亭。

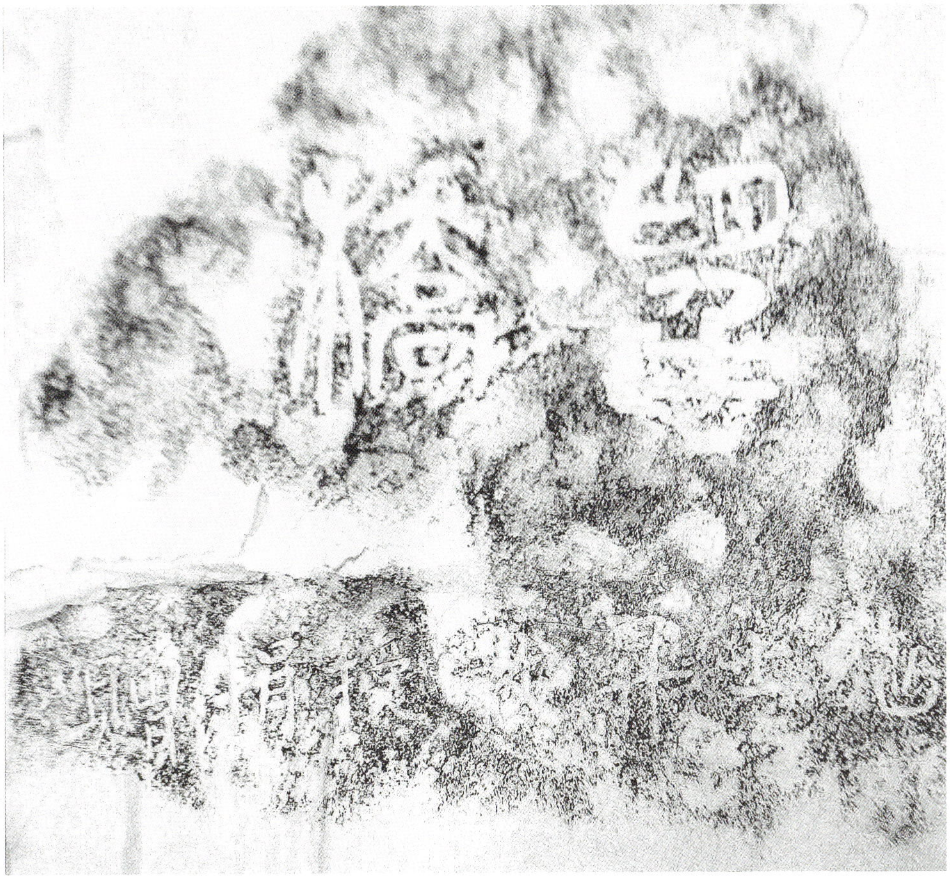

（50cm×60cm）

十三 望桥

一九八〇年清华大学土木系施士昇教授捐建石板桥并题名『望桥』，位于近春园西南。

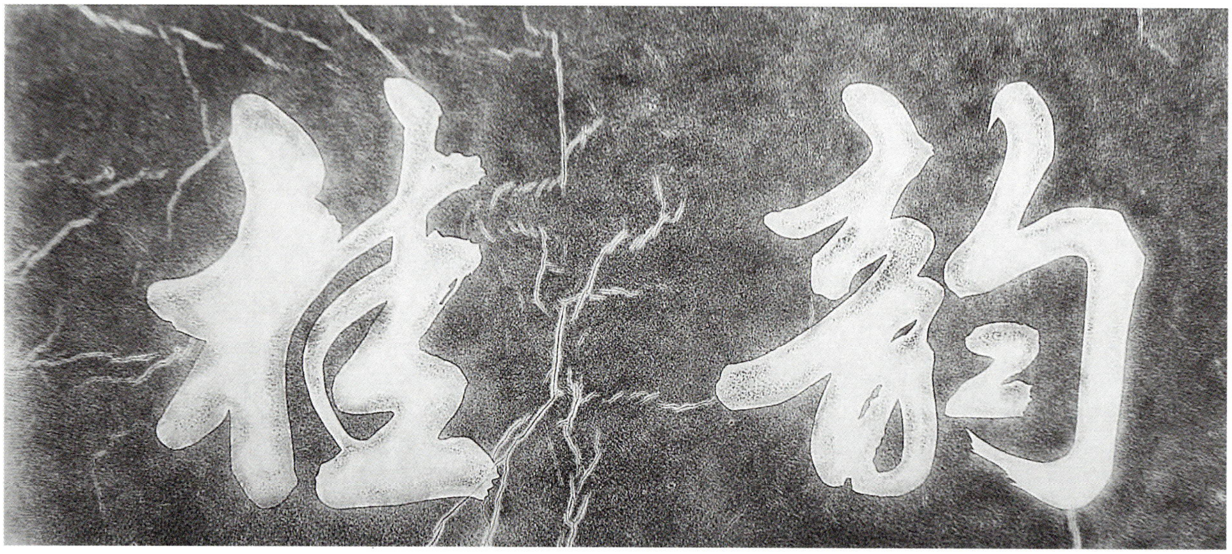

（80cm×40cm）

十四 海底火山岩

二〇〇一年广西校友会赠寒武纪（约十一亿年前）海底火山岩，命名『桂韵』，立于西校门内干路南。

清华大学碑碣匾额拓片集

【第四部分】纪念石刻

一 「清芬挺秀，华夏增辉」纪念石

为纪念清华大学建校七十年，学校一九八一年以全体校友名义在清华大学工字厅东南立石。湖北校友张昕若书写。

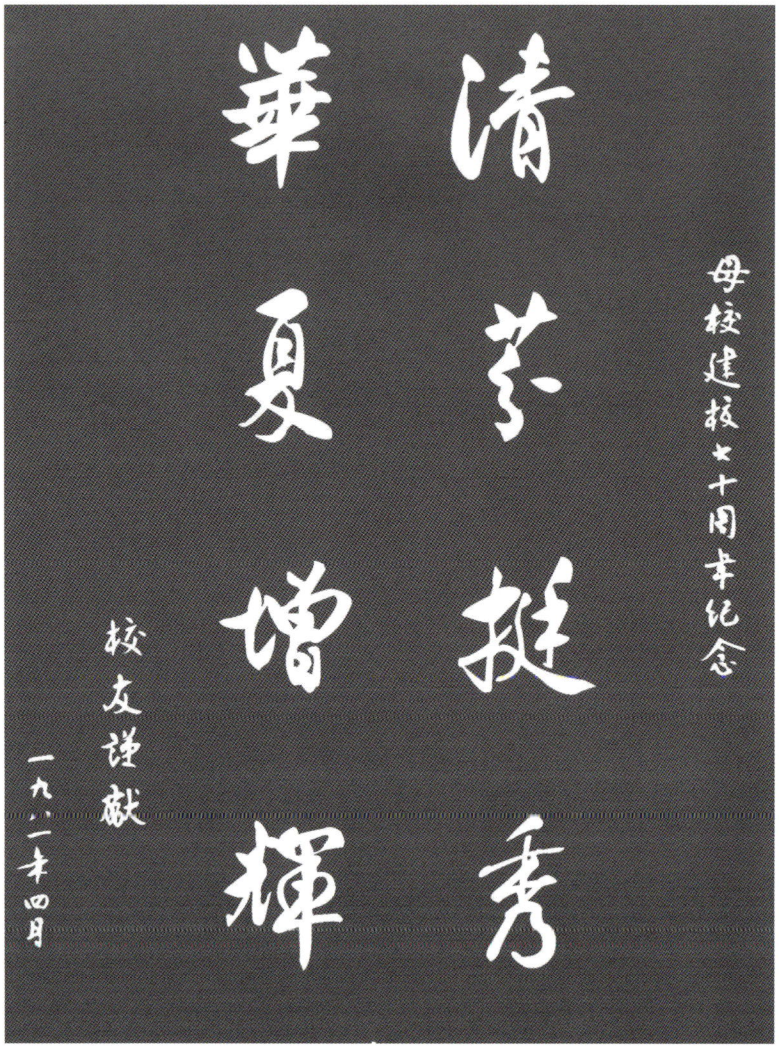

（90cm×130cm）

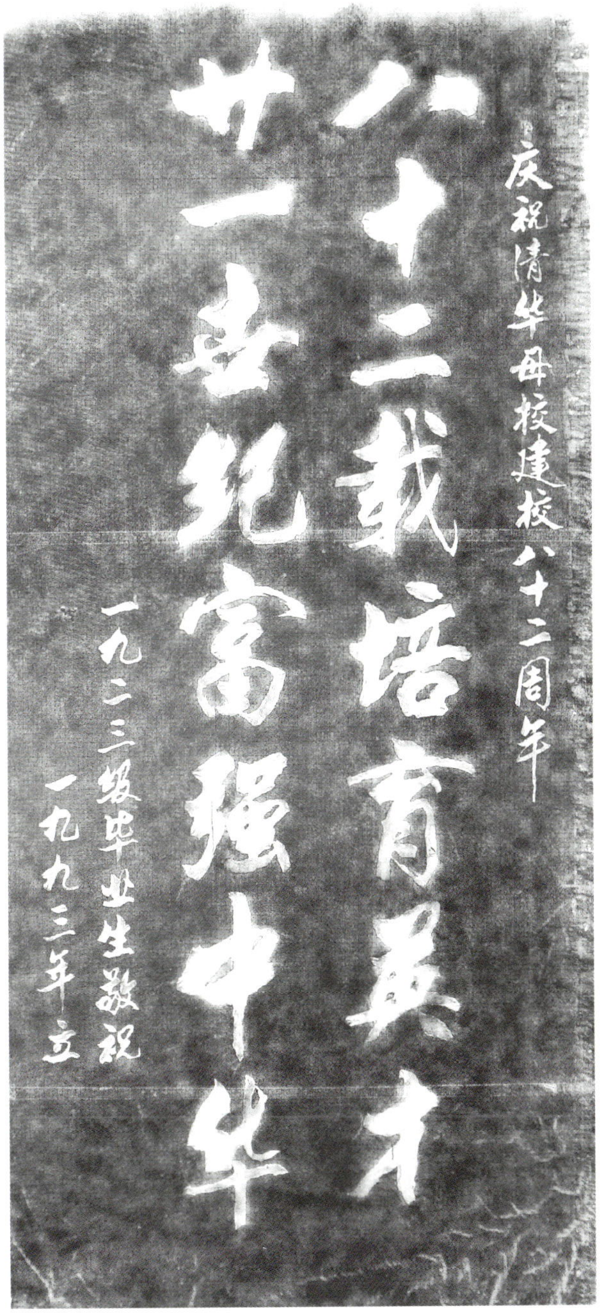

（75cm × 170cm）

二 一九二三届纪念石碑

一九二三届校友为贺母校建校八十二周年，于一九九三年在清华大学近春园岛南立石碑。

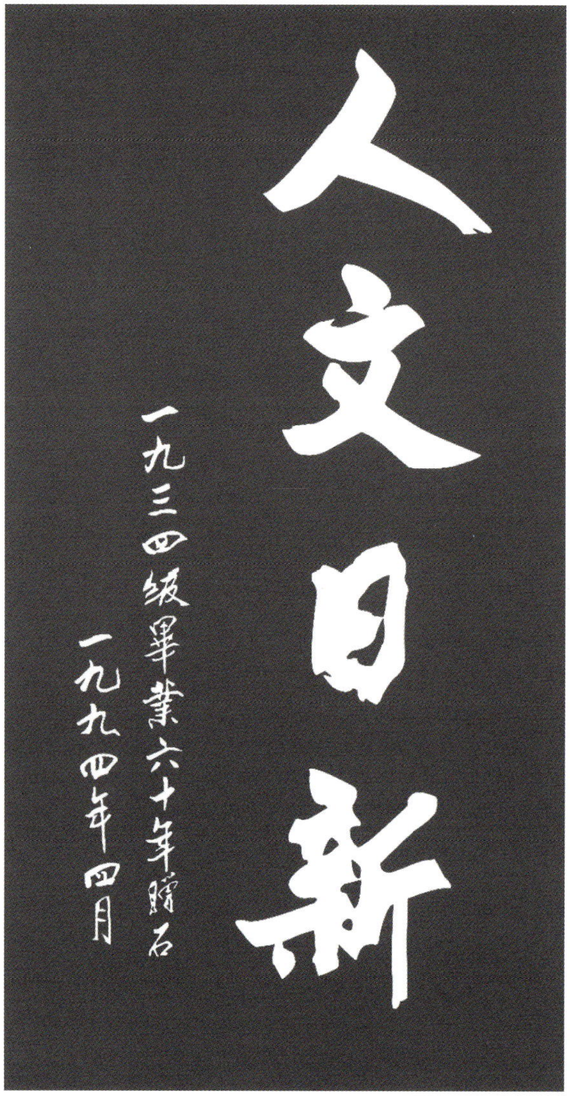

（50cm × 120cm）

三 一九三四届『人文日新』石

一九三四届校友为纪念毕业六十周年，于一九九四年在清华大学近春园南立石。

（130cm×70cm）

四 一九四八届纪念石

一九四八届毕业生维修大礼堂栏杆草地纪念。

国立清华大学一九四八级学生於中华民国三十七年七月毕业修此草地阑干敬献母校永为纪念

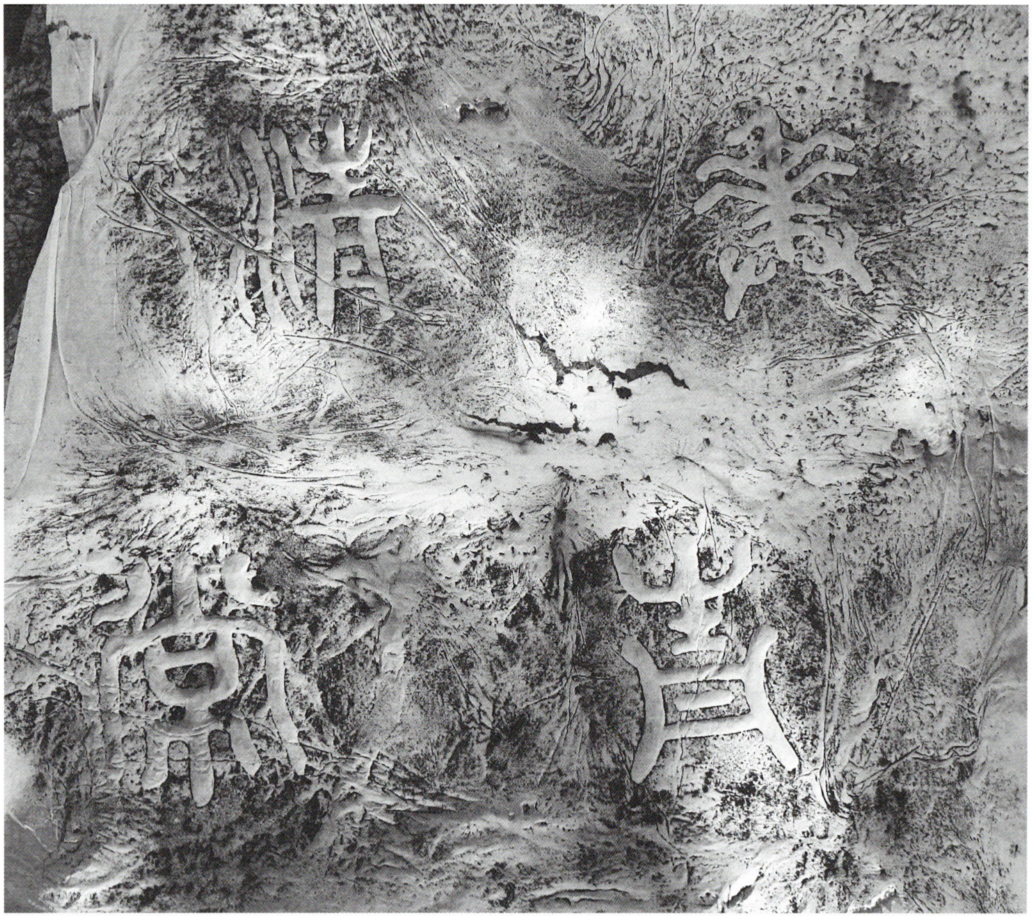

（60cm × 60cm）

五 一九四九届"清华长青"石

一九四九届校友于一九八九年毕业四十周年时，位于清华大学南北主干道交叉路口西南立石。

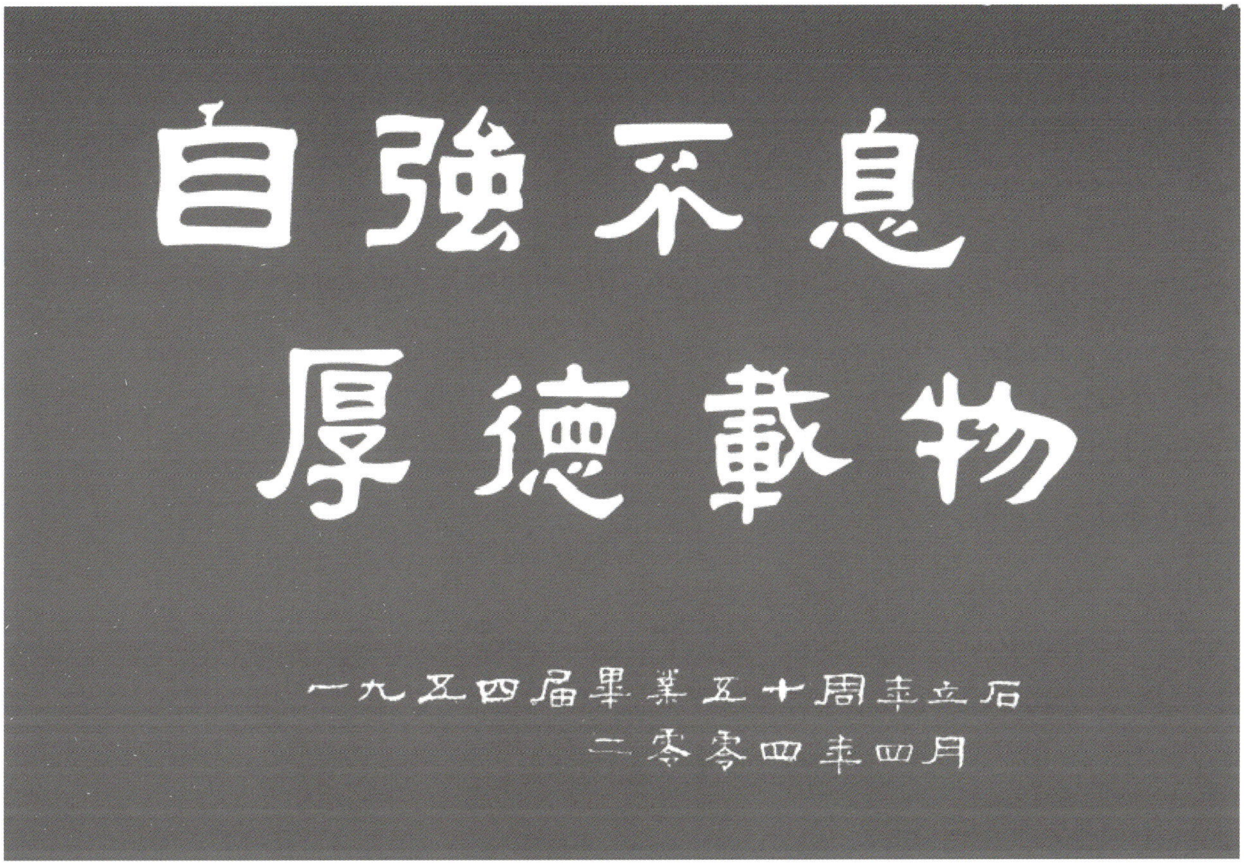

（130cm × 70cm）

六 一九五四届校训石

一九五四届校友为纪念毕业五十周年，于二〇〇四年在清华大学水利实验馆前立石。

七 一九五八届校训牌

一九五八届校友于一九九八年毕业四十周年时，在清华大学图书馆老馆门厅内立校训牌。

（120cm × 250cm）

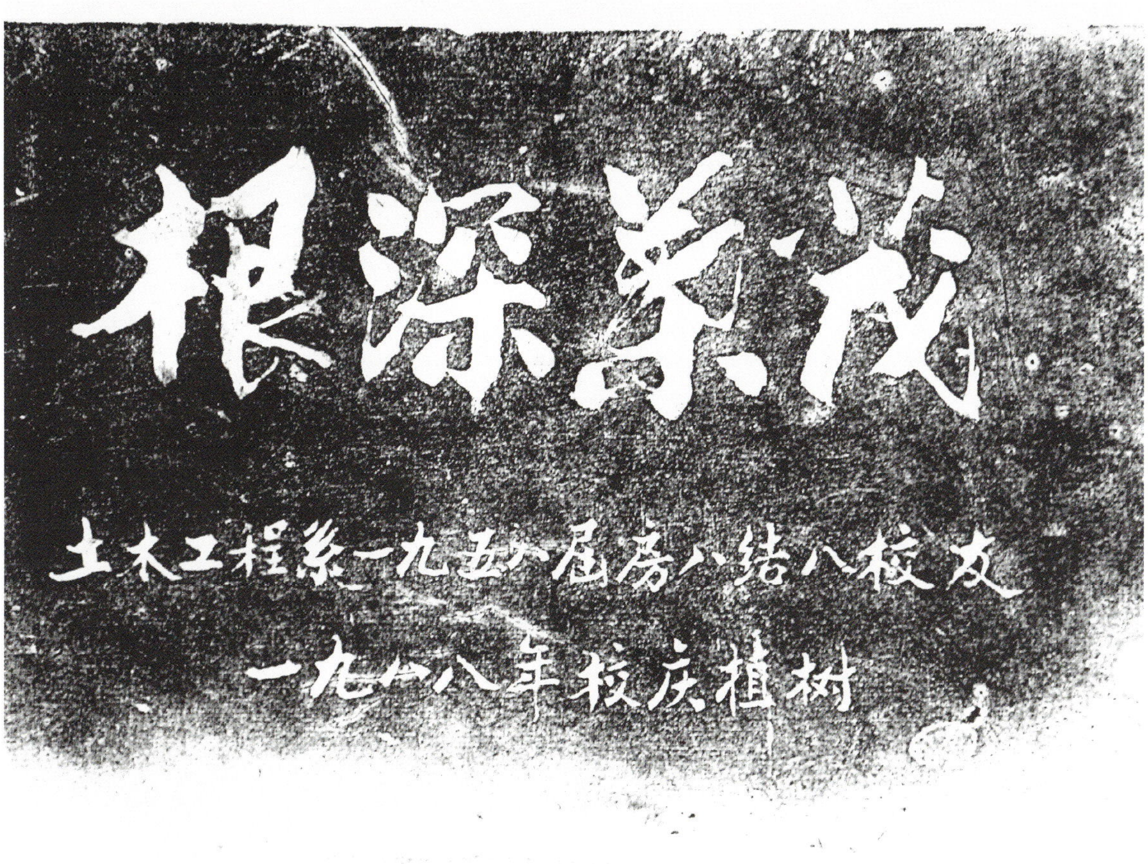

（60cm×60cm）

八　土木系一九五八届“根深叶茂”石

土木工程系一九五八届房八结八专业校友为纪念校庆植树，于一九八八年在清华大学中央主楼西过街楼路东立石。

（60cm × 30cm）

九 电机系一九五九届“槲树寄深情”石

电机系一九五九届（企九）校友为纪念捐赠槲树，于二〇〇四年在清华大学停车场西草地立石。

十 土建系建三『清华育我』石

土建系一九六三届建筑学专业校友为纪念毕业三十周年，于一九九三年在清华大学绿园南树林中立石。

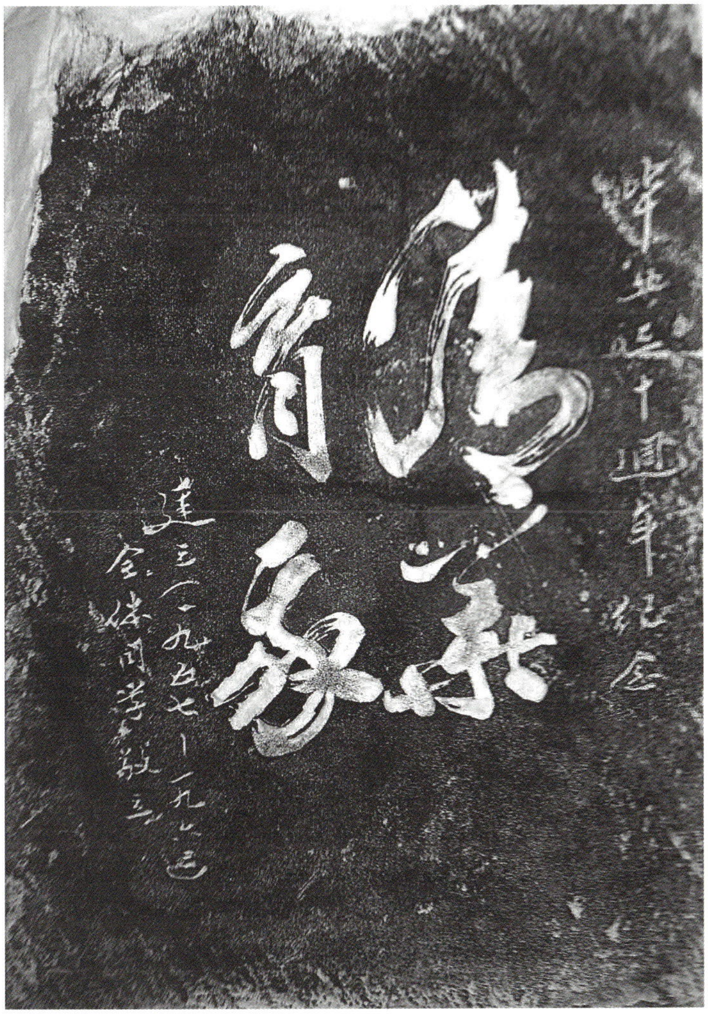

（30cm × 40cm）

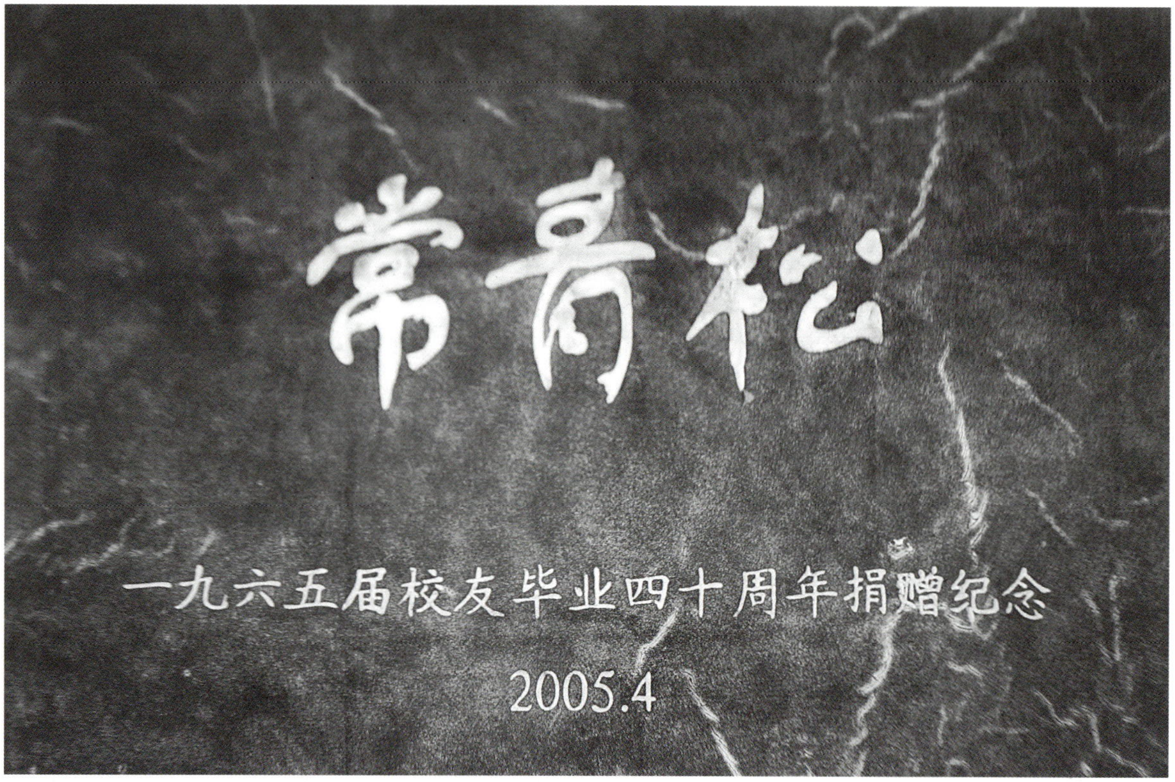

（100cm × 70cm）

十一 一九六五届“常青松”石

一九六五届校友为纪念毕业四十周年，于二〇〇五年捐赠松树并立石，位于清华大学主楼广场松树岛北。

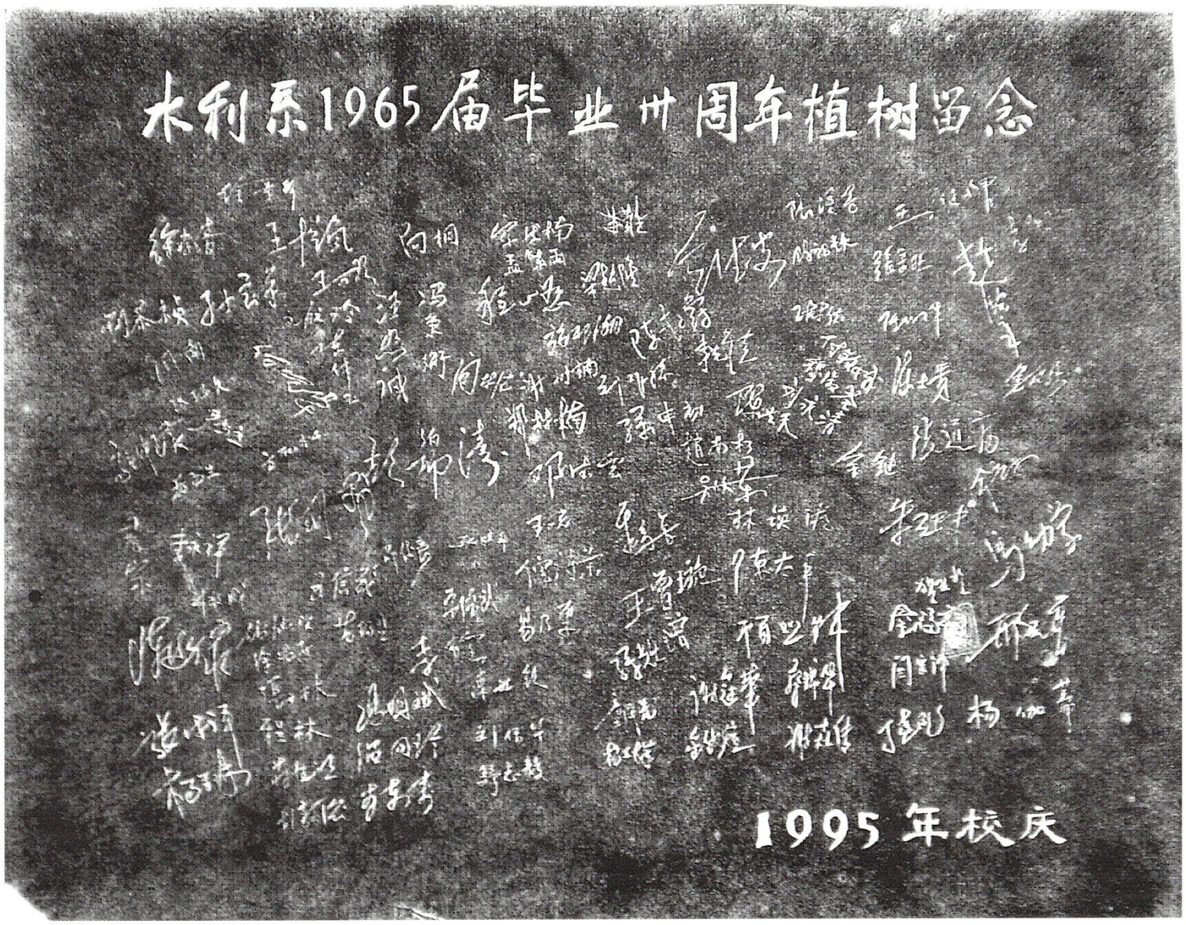

（60cm×45cm）

十二 水利系一九六五届植树纪念石

水利系一九六五届校友为纪念毕业三十周年，于一九九五年在清华大学近春园宾馆前植树并立石。

（70cm × 34cm）

十三 一九六六届“山海情”石

一九六六届校友为纪念毕业四十周年，于二〇〇六年在清华大学建筑馆东翼捐建缩微山水景观并立石。

（120cm × 45cm）

十四 土木系一九六七届“华瑶域禹”石

土木系一九六七届校友为贺母校建校九十周年，于二〇〇一年捐赠海底火成岩，立于清华大学六教北，土木工程系馆南。

（60cm×40cm）

十五 经管学院“百年树人”石

经管学院EMBA二〇〇二级D班同学为庆祝建院二十周年，于二〇〇四年在清华大学舜德楼前赠两根木化石立柱并立地碑。

十六 经管学院『天马无羁』石

经管学院EMBA二〇〇二级D班全体同学为庆祝建院二十周年，于二〇〇四年在清华大学经管学院后院立马头形石。

（80cm×100cm）

（60cm×100cm）

十七 经管学院『行胜于言』硅化木

经管学院首届EMBA毕业生于二〇〇四年捐赠硅化木，立于清华大学经管学院舜德楼院内。

（110cm×60cm）

十八 法学院『法正理明厚德载物』石雕

法学院在职法律硕士二〇〇二级校友捐独角兽『廌』石雕，于二〇〇五年立于清华大学法学院门前。

十九 深圳校友会捐修纪念石

二〇〇一年深圳校友会捐资重修水木清华景观，在清华大学水木清华景区东入口处立石铭刻『景昃鸣禽集，水木湛清华』。

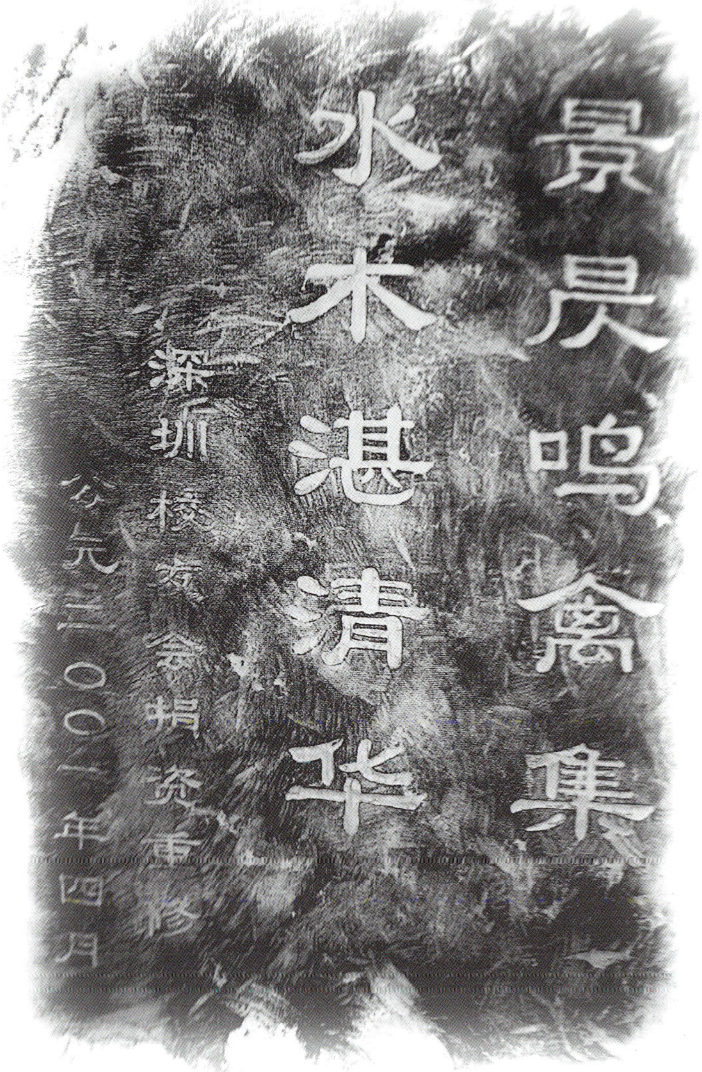

（40cm×60cm）

（100cm × 50cm）

二十 工农速成中学纪念石碑

一九九一年在清华大学甲所东南坡地建工农速成中学纪念石碑，背刻『长河星烁 大野菊芳』。

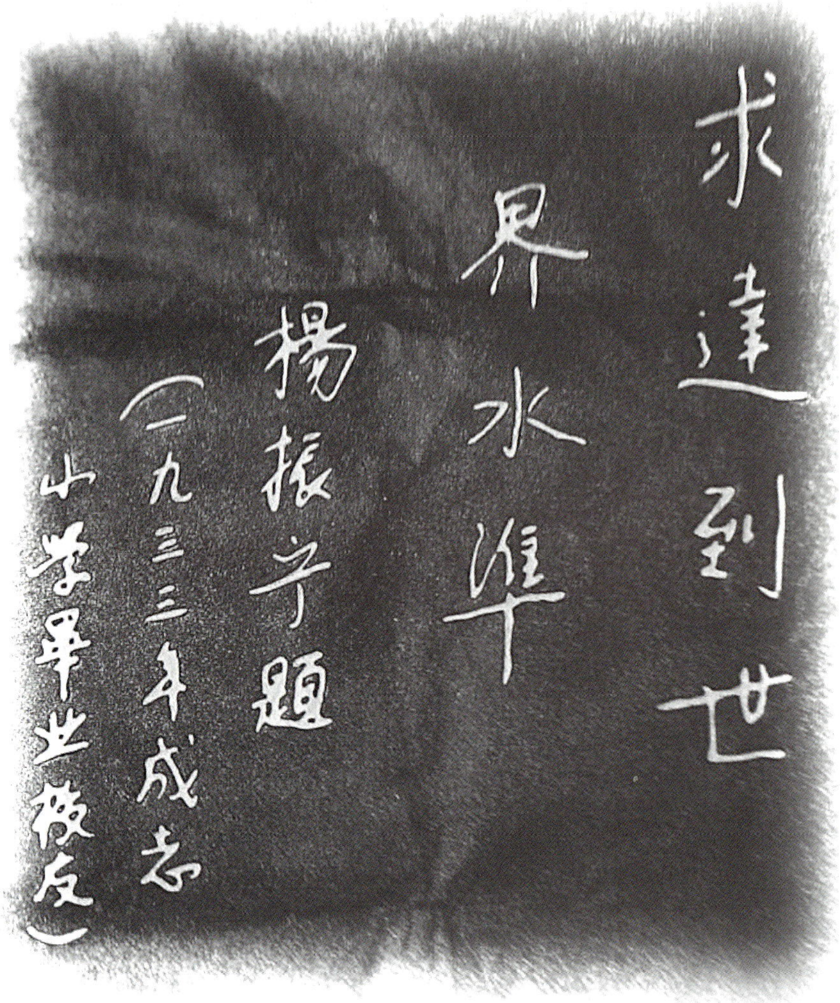

（100cm × 100cm）

二十一 杨振宁为清华附中题词石刻

求达到世界水准

杨振宁题（一九三三年成志小学毕业校友）

位于清华附中校园内。

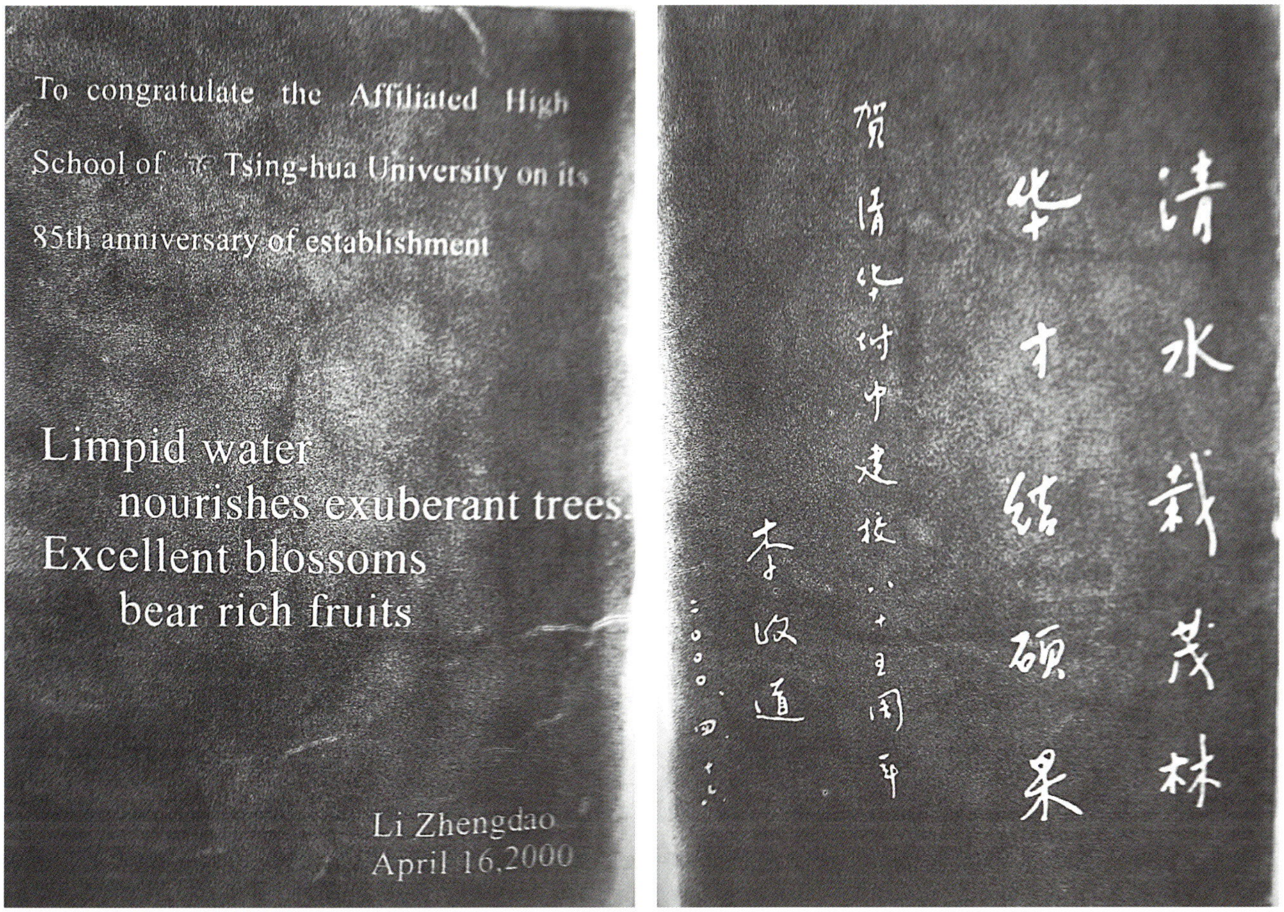

（50cm×40cm）

二十二 李政道为清华附中题词石刻

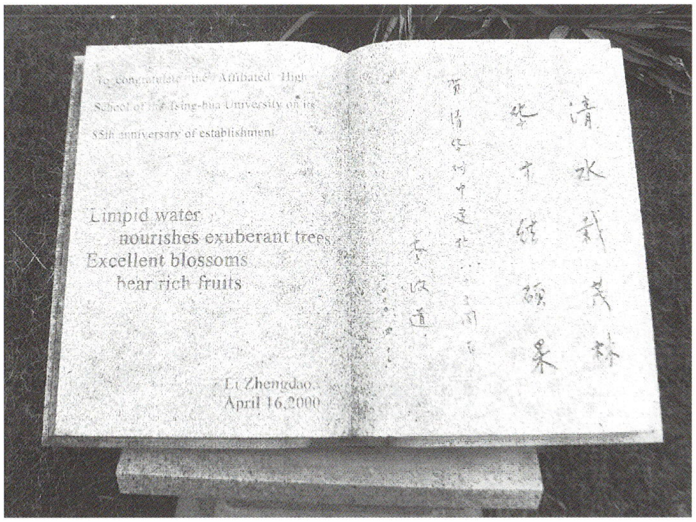

清水栽茂林，华才结硕果。
贺清华附中建校八十五周年 李政道
二〇〇〇·四·十六
题刻石位于清华附中校园内。

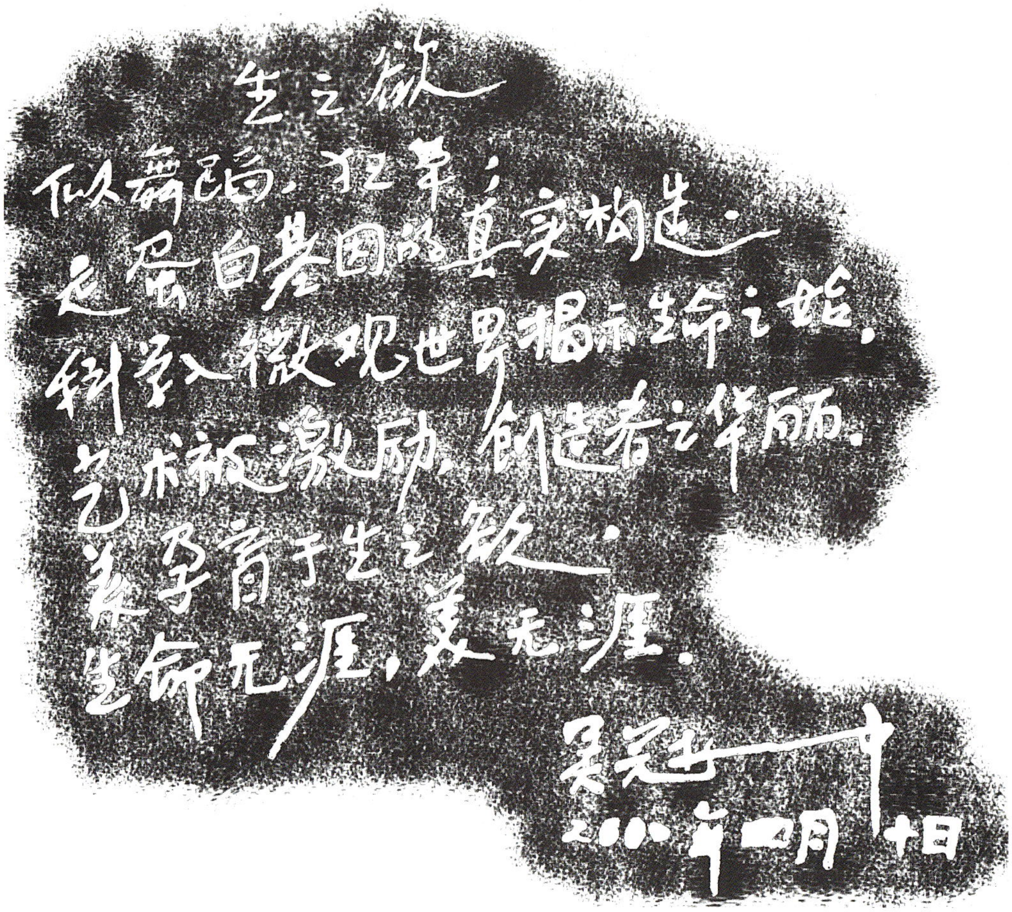

（110cm × 110cm）

二十三 吴冠中《生之欲》石刻

生之欲

似舞蹈，狂草；是蛋白基因的真实构造。科学入微观世界揭示生命之始，艺术被激励，创造春之华丽。美孕育于生之欲。生命无涯，美无涯。

吴冠中 二〇〇一年四月十日

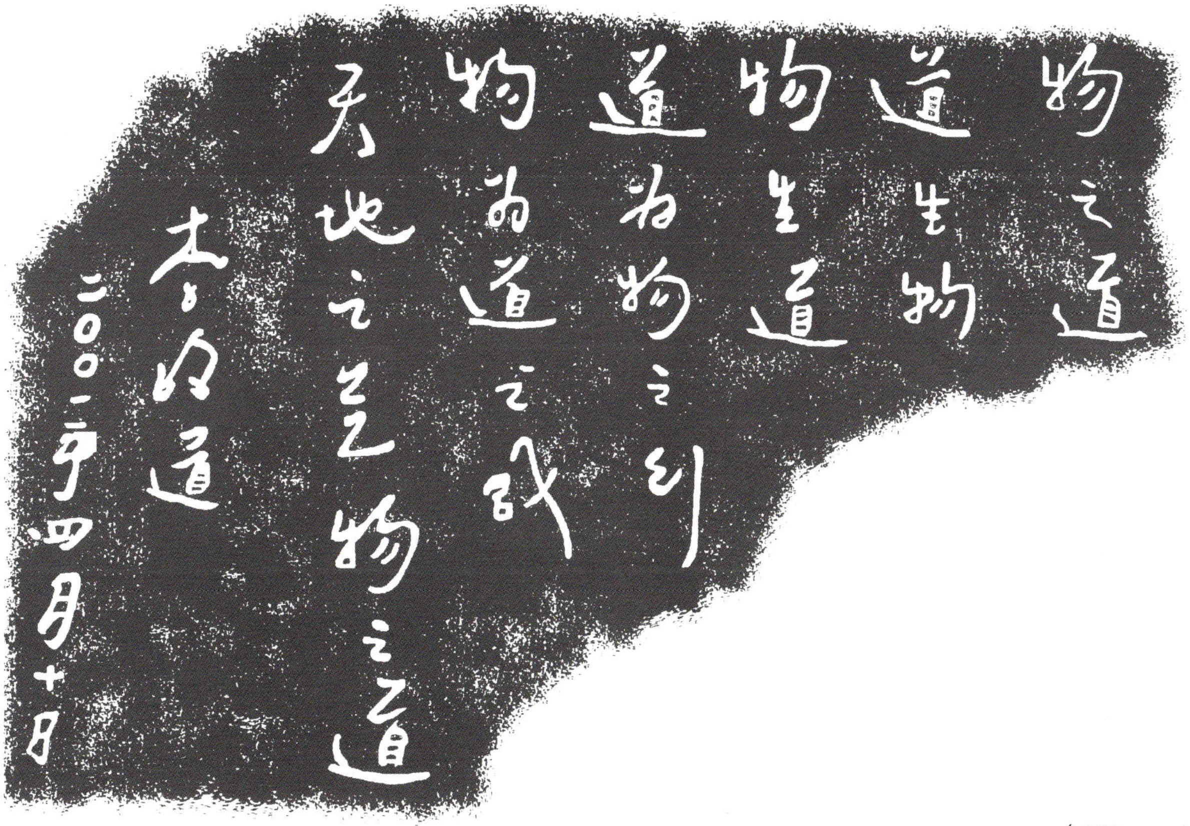

（150cm × 110cm）

二十四 李政道《物之道》石刻

物之道，道生物，物生道。道为物之行，物为道之成。天地之艺物之道。

李政道二〇〇一年四月十日

题刻石位于清华大学美术学院北。

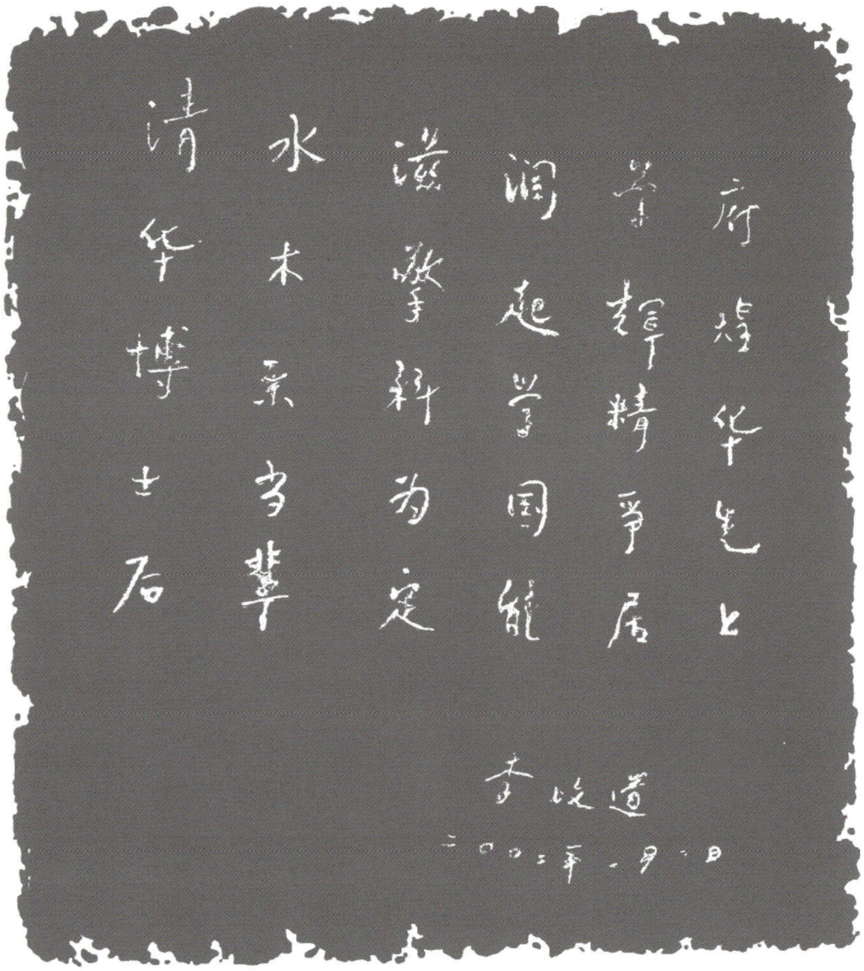

（110cm × 70 cm）

二十五 李政道为清华博士后题词石刻

清水滋润学府，
华木孳起辉煌，
博采科学精华，
士当为国争先，
后辈定能居上。

李政道二〇〇二年二月二日

清华大学博士后敬立 二〇〇二年四月二十七日

题刻石于清华大学档案馆东景区入口

（120cm×30cm）

二十六 三峡石

二〇〇四年国务院三峡建设办公室、三峡建设总公司及上世纪七十年代校友为清华九十三周年校庆赠三峡江底石，立于清华大学西校门内干道绿化带起始端。国务院副总理邹家华题写『三峡石』。

（60cm × 70cm）

二十七 泰湖石

二〇〇九年中共无锡市委、无锡市政府赠清华大学巨型太湖石，立于清华大学新斋北广场。张仃先生题写『泰湖石』。

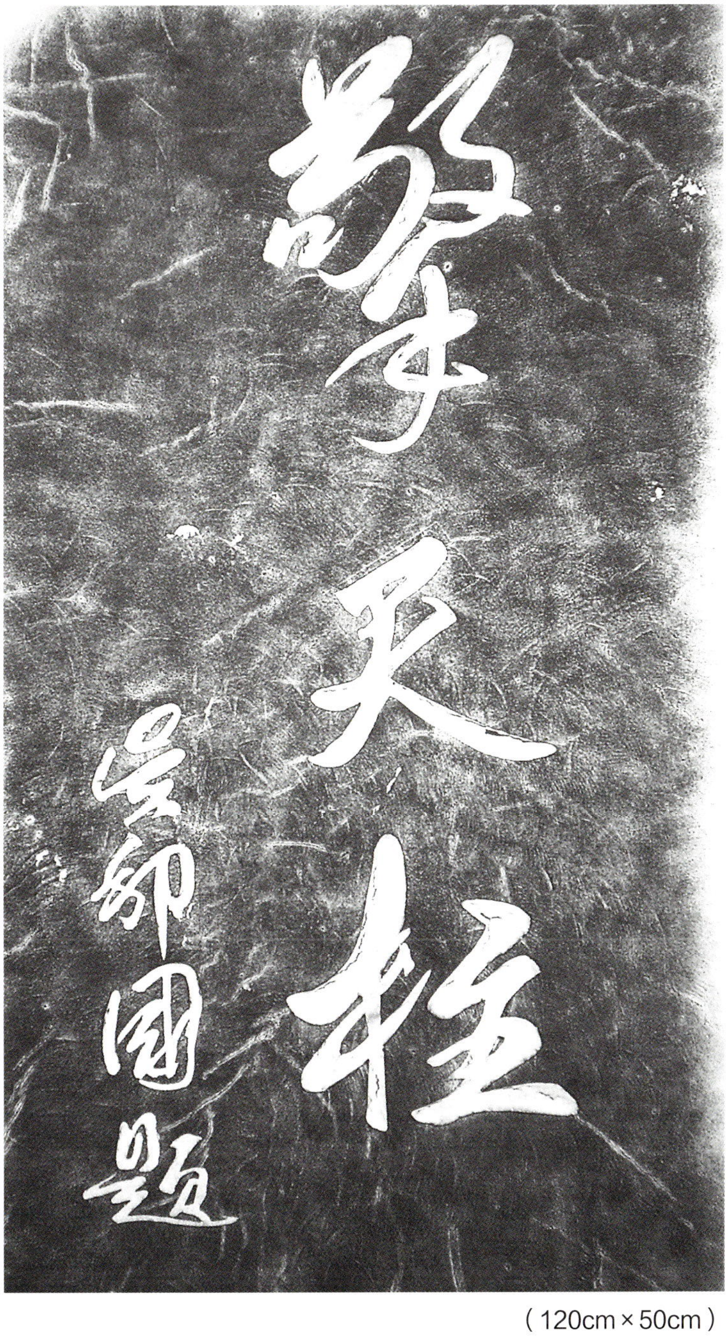

（120cm×50cm）

二十八 擎天柱

二〇一一年三月全国人大常委会委员长、清华大学一九六七届校友吴邦国为清华大学安徽校友会与清华大学EMBA安徽同学会共同捐赠母校的巨型灵璧石题名『擎天柱』。题名石亦为灵璧石，背刻巨石简介。大、小石位于清华大学综合体育馆南广场路南景区。

（100cm × 100cm）

二十九 灵璧石

二〇〇九年春，清华大学美术学院教授张仃先生篆书『灵璧石』署『乙丑之春，辽西九三叟它山张仃题』。二〇一一年三月，学校立灵璧石于综合体育馆南景区，与巨型灵璧石『擎天柱』相邻。

（240cm × 140cm）

三十 荷清苑

荷清苑是清华大学教职工住宅小区，二〇〇二年张仃先生题写『荷清苑』。

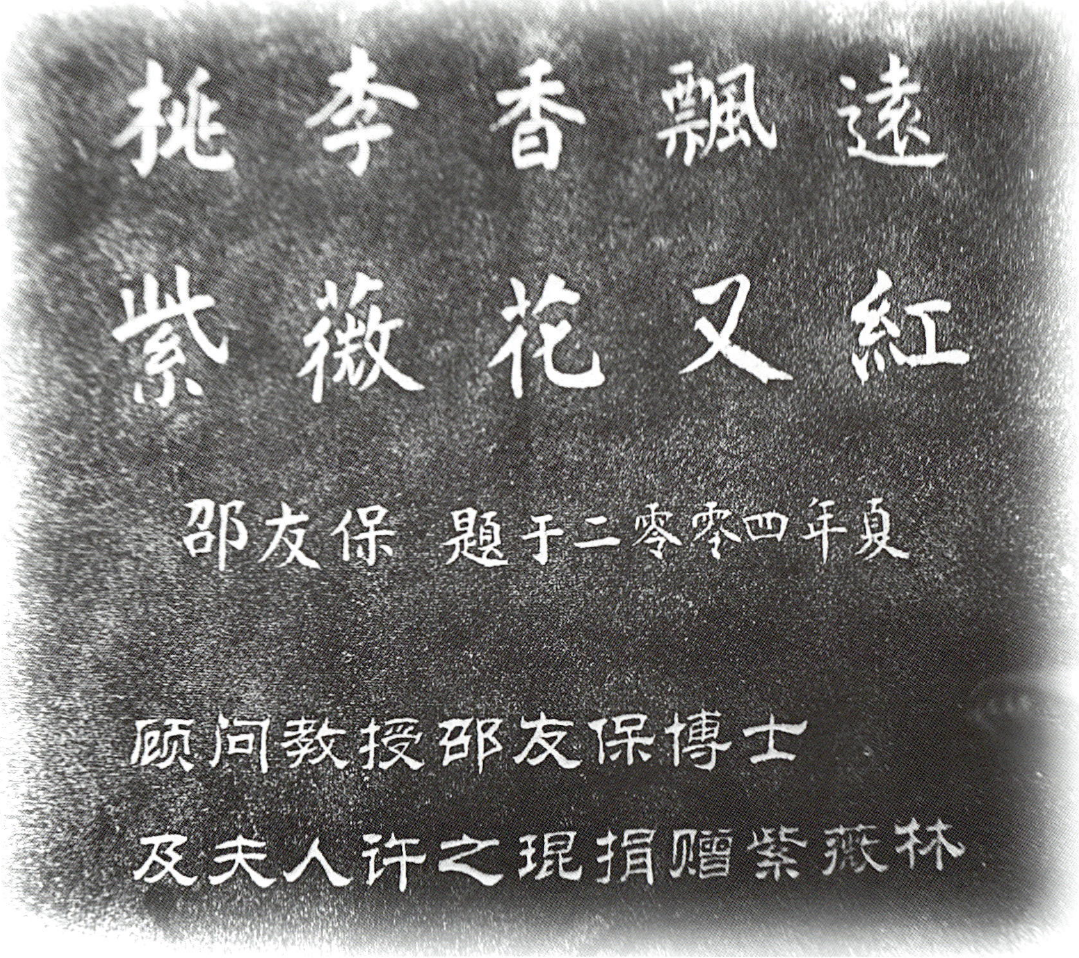

（50cm × 40cm）

三十一 紫薇林纪念石

二〇〇四年邵友保夫妇捐赠紫薇林，立石铭刻『桃李香飘远，紫薇花又红』，位于清华大学建筑馆南草地。

（125cm × 50cm）

三十二 牡丹园

牡丹园位于清华大学四教楼和五教楼南。

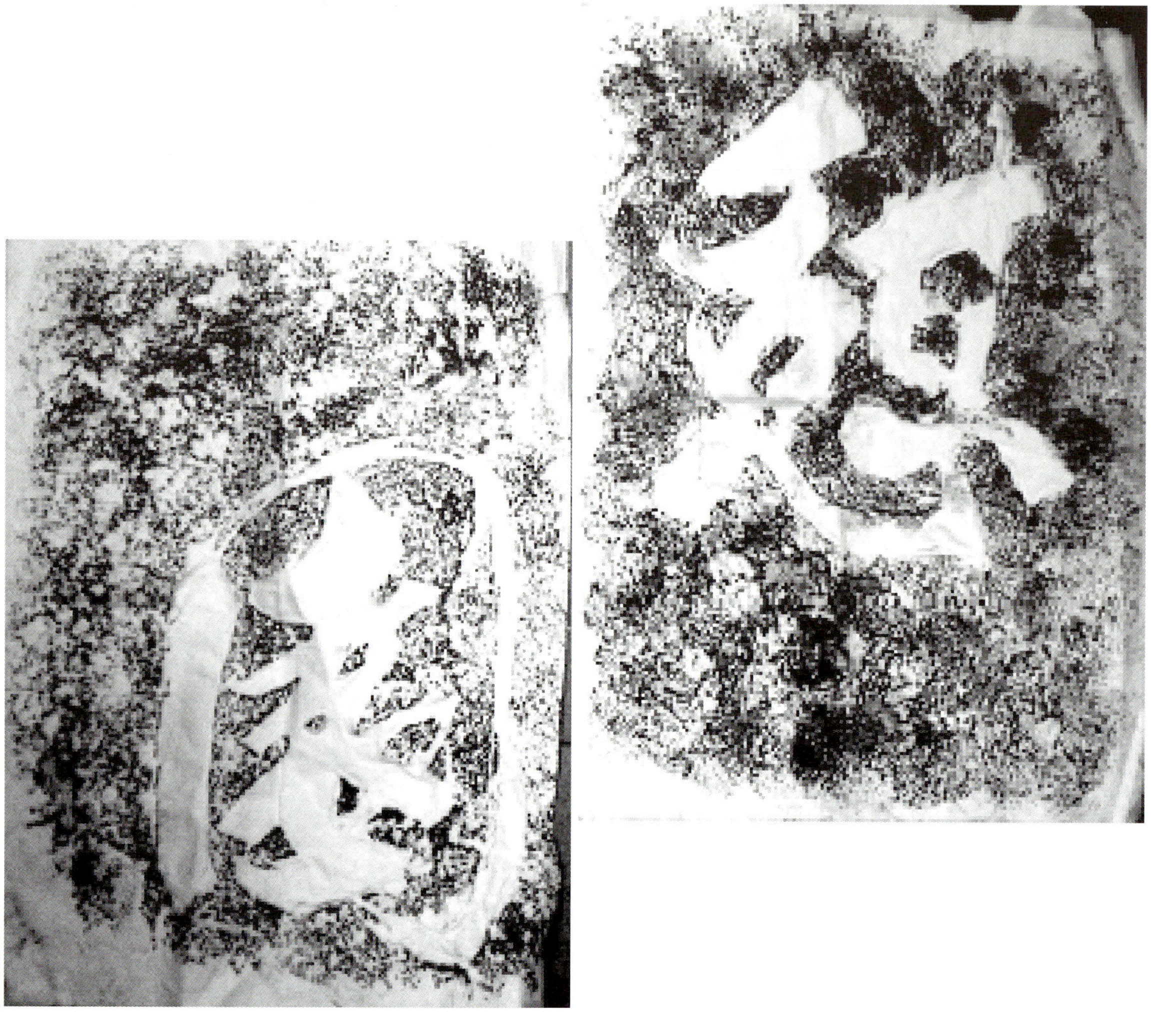

（75cm × 80cm）

三十三 憩园

憩园位于清华大学立斋西侧。

三十四 绿园

绿园是清华大学西区植物园，占地一万三千三百平方米，位于近春楼以南。二〇〇一年吴冠中先生题『绿园』。

（35cm × 45cm）

三十四 绿园

绿园北入口林下立石铭刻『求实』。

（30cm × 50cm）

后　　记

2010年3月，学校百年校庆组委会出版组决定出版一本关于清华校园内碑碣匾额拓片的图书，宗旨是以拓片承载的记忆和文化反映百年清华的巨变和风貌。该任务交由校档案馆承担完成。档案馆经过调研，决定先制作清华校园内碑碣匾额的拓片，之后编辑成册并存档，在此基础上精选部分拓片正式编辑出版。清华大学档案馆委托北京新日下传统文化公司承担拓片制作任务。从2010年4月至8月，共完成282项碑碣匾额的拓制工作，生成464幅拓片（大部分双份拓）。其中不能实拓的高楼名牌，或不具备捶拓条件的重要牌匾，或乱纹麻面的自然石刻，均采用照片计算机处理仿拓效果，形成49件影拓。拓制工作完成后，整理出实体原照、拓片照及电子版资料一套存档。

经过后期整理编辑，形成《清华大学碑碣匾额拓片集》交付出版。该集以拓片图为主，配以简要说明文字及实物照片。文字主要参考了《清华园风物志》、《熙春园·清华园考——清华园三百年记忆》、《清华大学志》、《王国维传》、《晚清七百名人图鉴》等。

这项工作受到学校领导的高度重视，百年校庆组委会出版组负责人庄丽君老师在组织策划、立项、经费、出版等方面给予了极大帮助，陈旭、张凤昌等校领导在文物保护和修缮问题上都曾做过直接批示，方惠坚、贺美英等学校老领导对有关问题提出过中肯意见和建议。在采拓及考证、编辑工作中，校长办公室、百年校庆办公室、绿色大学建设办公室、修缮中心、基建处、保卫部、清华大学校友总会、清华大学基金会、清华大学图书馆等相关单位及许多院系均给予了大力支持。白永毅、郑宗和、刘桂生、沈振基、孙华顺、王林等老师给予了各方面的指导和帮助，全书版式设计由美术学院周岳老师完成。本书由胡显章和韩景阳两位老师主审，他们认真审阅了全书，提出了许多宝贵意见。谨向以上单位和老师表示衷心的感谢。

由于编者水平有限且时间仓促，书中错误和疏漏在所难免，欢迎读者批评指正。

编者
2011年3月